大夏书系·西方教育前沿

Transitioning to Concept-Based Curriculum and Instruction:
How to Bring Content and Process Together

以概念为本的课程与教学：

培养核心素养的绝佳实践

（美）林恩·埃里克森
　　　洛伊斯·兰宁／著
　　　鲁效孔／译

Transitioning to Concept-Based Curriculum and Instruction: How to Bring Content and Process Together

by H. Lynn Erickson, Lois A. Lanning

Copyright © 2014 by Corwin

Simplified Chinese translation copyright © East China Normal University Press Ltd, 2018.

Originally published in English by Corwin Press, Inc., a Sage Publications Inc. company in the United States, United Kingdom and New Delhi.

英文原版由 Corwin Press, Inc., a Sage Publications Inc. company 2014 年在美国、英国、新德里出版发行。

中文简体字版由 Corwin Press, Inc. 授权华东师范大学出版社有限公司独家翻译出版发行。

All Rights Reserved.

上海市版权局著作权合同登记 图字：09-2018-172 号

目 录
CONTENTS

序　言 　　　　　　　　　　　　　　　　　　　　　　　　　　1
致　谢 　　　　　　　　　　　　　　　　　　　　　　　　　　5
导　言 　　　　　　　　　　　　　　　　　　　　　　　　　　7

第一章　课程设计：从目标为本到概念为本的模式　　　　　　1
　　一、作者视角下的一个简短回顾：教育之摇摆　　　　　　　2
　　二、概念为本的模式中"知道""理解"和"能做"的价值　　6
　　三、传统内容目标的问题　　　　　　　　　　　　　　　　11
　　四、问题讨论　　　　　　　　　　　　　　　　　　　　　15
　　五、总结　　　　　　　　　　　　　　　　　　　　　　　15

第二章　课程模式：二维对比三维　　　　　　　　　　　　　17
　　一、对比二维模式和三维模式　　　　　　　　　　　　　　17
　　二、知识的结构和过程的结构　　　　　　　　　　　　　　18
　　三、知识和过程的相互作用　　　　　　　　　　　　　　　20
　　四、对比教学描述　　　　　　　　　　　　　　　　　　　21
　　五、问题讨论　　　　　　　　　　　　　　　　　　　　　24
　　六、总结　　　　　　　　　　　　　　　　　　　　　　　24

第三章　知识的结构　　25

一、理解知识的结构中的关系　　25
二、知识的结构如何指导课程设计　　28
三、在国家、州或区域层面上设计学科课程框架　　29
四、数学——一个概念驱动的学科　　30
五、概念实例和特定学科的概括　　33
六、问题讨论　　35
七、总结　　36

第四章　过程的结构　　37

一、过程的结构　　37
二、过程的结构如何指导课程与教学　　42
三、问题讨论　　43
四、总结　　44

第五章　培养概念为本的教师　　45

一、填补知道、做和理解之间的鸿沟　　45
二、协作性的概念为本的教学计划　　46
三、描述高质量教学的共同术语　　47
四、培养概念为本的教师　　50
五、在教师评估计划中概念为本的教师培养量规是否有一席之地　　62
六、问题讨论　　66
七、总结　　66

第六章　培养概念为本的学生　　69

一、关于思考　　69
二、批判性思考和概念为本的教与学的关系　　70
三、发展批判性思考　　71
四、培养概念为本的学生　　72

五、为什么是这些方面　　　　　　　　　　　　　　　　74
　　　六、问题讨论　　　　　　　　　　　　　　　　　　　　76
　　　七、总结　　　　　　　　　　　　　　　　　　　　　　76

第七章　关于概念为本的教学设计，教师需要理解什么　　　　79
　　　一、概念为本的课程与教学的"是什么"和"为什么"　　79
　　　二、如何实施概念为本的课程与教学　　　　　　　　　80
　　　三、概念为本的教学的四个核心方面　　　　　　　　　92
　　　四、高质量教学　　　　　　　　　　　　　　　　　　100
　　　五、概念为本的课堂　　　　　　　　　　　　　　　　101
　　　六、问题讨论　　　　　　　　　　　　　　　　　　　104
　　　七、总结　　　　　　　　　　　　　　　　　　　　　105

第八章　关于概念为本的课程设计，校长和教学指导员需要理解什么　107
　　　一、为课程实施设立阶段　　　　　　　　　　　　　　107
　　　二、员工发展　　　　　　　　　　　　　　　　　　　109
　　　三、带问责的员工支持：建立系统范围的协同　　　　110
　　　四、"正确"数据的收集与分析　　　　　　　　　　　112
　　　五、问题讨论　　　　　　　　　　　　　　　　　　　113
　　　六、总结　　　　　　　　　　　　　　　　　　　　　114

第九章　关于概念为本的课程设计，区域领导需要理解什么　　115
　　　一、区域领导讨论概念为本的课程与教学　　　　　　116
　　　二、问题讨论　　　　　　　　　　　　　　　　　　　126
　　　三、总结　　　　　　　　　　　　　　　　　　　　　126

第十章　总结与未来　　　　　　　　　　　　　　　　　　　127
　　　一、课程与教学：经线　　　　　　　　　　　　　　　127
　　　二、概念为本的学习：纬线　　　　　　　　　　　　　128
　　　三、前方的路　　　　　　　　　　　　　　　　　　　129

四、问题讨论　　　　　　　　　　　　　　　130

资　源　　　　　　　　　　　　　　　　　131
　　资源A：概念为本的数学单元　　　　　　132
　　资源B：概念为本的科学单元　　　　　　144
　　资源C：概念为本的艺术单元　　　　　　157
　　资源D：概念为本的世界语单元　　　　　165
　　资源E：概念为本的音乐单元　　　　　　174
　　资源F：第七章修改后的学习活动　　　　184

参考书目　　　　　　　　　　　　　　　186

序　言

　　作为教师，是什么鼓励我们持续前行？是什么让教学成为天下最好的职业？每每谈及这个问题，很多老师可能会说到学生学有所获之后眼睛中的光亮，或者那种"哇哦"时刻。林恩·埃里克森和洛伊斯·兰宁在过去的几年中给我带来了不少"哇哦"时刻。在她们的帮助下，我明白了如何让学生学有所获，如何让他们乐在学中，并在遇到复杂的全球挑战时迁移与应用他们的知识、理解和技能。作为一名1980年代的学生，我像我的老师一样死记硬背地学会了同位素。尽管在所有的科学/化学考试中我都可以做得很好，但我从来没有理解什么是同位素，以及我为什么要学习它。23岁的时候我成了一名科学老师，并且开始教同位素。第一次授课时，我想将我过去学同位素的笔记"塞到"学生的脑中，后来我发现，他们根本没有掌握。科学家使用模型来更好地描述现象，我使用同样的方式来审视元素周期表的规律，而且我注意到，同位素在我们的日常生活中大有用处，如食物保鲜、保健治疗等。当我真正理解了同位素，我自己教授同位素的方式也就改变了，并且不再依赖1980年代老师让我重复的那些笔记！这就是概念为本的教学与学习的改变效应——理解、应用和参与所带来的更加令师生满意的体验。

　　2009年，IB（International Baccalaureate Organisation 国际文凭组织）的MYP（中学项目）团队正苦苦寻觅能够给教师支持和建议的概念为本的教学计划方法。当对理论与实践的焦点进行研究的时候，团队所有人都把目光投向了林恩·埃里克森的研究。受此启发，团队开发了一个量规，来呈现概念为本的课程与教学计划的不同层次。本书为大家提供了一种激发思维的极佳方法。我们不仅从埃里克森那里看到了"久经考验"

的概念为本的模式和学习结构，而且从兰宁那里看到了对于践行概念为本的教师和学生极其有用的量规。这个量规能够帮助学校将兰宁和埃里克森的原理推向实践。它们是教师和学校管理者可以稍作修改便可拿来应用的有用工具，这个工具能够帮助教师在学生反思自身学习时获得有力的反馈。

从2011年开始，埃里克森对新修订的MYP课程产生了强有力的影响。将概念与相关概念，或者说宏观概念与微观概念置于中心位置，是备课方式的革命性变化。直到我们在兰宁的影响下，看到学生学习的全部学科，这个全景才显露出来。兰宁的过程结构是埃里克森的知识结构的完美共生体，它在影响语言等过程驱动型学科的发展中起着极其关键的作用。想象一个单元包含着如下的概念性理解：作家的目的可能是通过细节选择或风格选择来创造同情、共情或反感。人们能快速看到丰富的，几乎是无限可能的方法来处理其中的概念，然后看到学生迁移他们对策略和过程的理解。

本书所讨论的埃里克森和兰宁的范式转换同样也可以在DP项目（Diploma Programme）①的历史课程中看到，DP项目的历史课程在2015年清晰地指向变化、连续性、原因、结果、观点和重要性等概念。在之前的历次历史课程修订中，教师在教授20世纪战争时只是提供详细的事实性研究的战争列表。在将来的IB历史课程中，课程将聚焦于概念性视角或聚合概念，教师们可以把这些概念和学生兴趣与特定战争情境紧密结合起来。更为重要的是，这一转变也进入到了课程评价领域。例如，要求学生撰写短文，讨论他们所研究的战争在多大程度上是由意识形态和宗教所决定的，并回答"为什么意识形态和宗教导致的冲突如此难以解决？"在语言艺术课上，要求学生评价风格悬殊的作者如何使用文学技巧在行文中创造悬念。这仅仅是两个例子，但它们清晰地展示出了概念为本的方法给教师和学生所带来的激动人心的影响。显而易见，当学生

---

① DP项目，即国际文凭大学预科项目，是一个两年制的预料课程，世界大部分国家的大学已接受DP为认可的入学资格。——编者注

在使用协同思考（Synergistic Thinking）来解决生活相关问题的挑战时，学习将会变得多么有趣。

那些被学生所展现出的协同思考与深度概念性理解所打动的教师们，本书将是你们所期待的理论与实践的理想融合。本书展现了行之有效的高水平课程支持下的高品质教学是如何支持和深化学生对知识与过程的概念性理解。通过书中的量规和案例，可以帮助我们看到孩子眼中的那一抹光亮，而那正是我们每日起早贪黑的最原初的动力。

马尔科姆·尼尔科森

国际文凭组织 DP 项目负责人

致　谢

　　写一本书是对这个主题的热爱的结晶。若没有这份热爱，以及家人和其他众多分享自己心路历程的贡献者，本书难以如此顺利地完成。我们要感谢以下人士，他们付出了辛勤的工作，提出了中肯的建议：

　　Connor Cameron，他分享了他学生时期对概念为本的科学学习的引人注目而又有洞察力的反思。

　　Tanya Elmer，她的概念为本的科学单元引人入胜，展现出学生应该知道的、应该理解的和能够做到的三者之间的整体结构性。

　　Patricia Eustace，设计了完美的概念为本的单元，让来自全世界的外语教师兴奋不已。Pat 的外语单元包含在资源部分。

　　Francine Evens，她愿意为音乐老师们一头扎进基于过程的、概念为本的单元与课程设计中。她的持续性对话、实战操作、深刻反思让我们的所有学习能够持续推进。

　　Carmella Fair，她设计了出色的高中的方程和方程组单元。她清晰地呈现了如何帮助学生理解在实际生活中怎样使用方程。同时，她还贡献了一个很有价值的周长和直径方面的数学教学计划。数学是一个经常需要寻找高质量的概念为本课程模型的领域。

　　Janelle Hockett，她在自己所在的区域坚定地实施概念为本的课程与教学。在第九章中她十余年实践概念为本的课程与教学的故事给人以启迪和激发。

　　Karen List 博士，她毫无顾虑地分享了自己成熟的教育经验，在本书资源部分她的概念为本的艺术单元的出色可略见一斑。

　　Marcia Lukon 博士，她坚定地设计了一个教育系统，以支持教学和持续的学习改进。在第九章，她写了一些对成功实施概念为本的课程极其重要的几个早期步骤。

Carla Marschal，她在概念为本的课时设计领域提出了有价值的建议。她在概念为本的课程与教学上专心致志、深思熟虑的工作让她在这方面成为大家的益友。

Mary Pittman 博士，感谢她在本书的数学篇章提供了很多修订和建议，另外同样感谢参与科罗拉多区域课程范例项目并对数学学科的概括做出帮助的老师们。

Kim Rost，在第九章中呈现了她对概念为本的课程与教学如何帮助爱荷华州的教育方面的洞察。她的勇气令人钦佩，她的行动给我们所有致力于改进教育的前行者们上了生动的一课。

出版者致谢

考文出版社感谢以下人士做出的贡献：

Karen Creech：弗吉尼亚州里斯堡的 Catoctin 小学的 5 年级教师；

Betty Rivinus：俄勒冈州坎比的坎比学区的学习专家／自闭症顾问；

Carol Spencer 博士：佛蒙特州弗金斯的艾迪生西北监管联盟 K-12 课程主任；

Robert Wallon：伊利诺伊州的伊利诺伊大学香槟分校课程与教学论研究生。

导 言

如何分辨一个善于思考的孩子？看看他的眼神，你便能知道。眼睛睁得大大的——盯着你，但他关注的真正的焦点并不只在你身上，更在他的思维上。当深入的思考得出结论，孩子的眼睛就会点亮。作为老师，我们希望能够看到孩子眼睛散发出这种光亮。这是一种"思维启蒙"的征兆。但是，我们怎样理解"思维启蒙"呢？回头看看事实驱动性课程以及相应的评价，也许人们会觉得"思维启蒙"是通过事实性知识的宽度来测量的。但是，在全球互动以及需要解决的问题日益复杂的今天，"思维启蒙"的含义正在变化。今天，我们所寻找的孩子眼中的光亮，正是对概念和重要思想进行深刻的、有洞察力的理解的一种象征，而这些概念和重要思想真正构建和反映了学科的关键内容。

本书目的

传统课程与教学模式是一个存在诸多缺陷的由内容覆盖的模式。本书的目的是呈现这一亟待改变的情况。传统课程与教学模式的缺陷有如下几点：

- 它不能与模式识别和意义建构相关的脑科学研究相一致；
- 它不能积极应对与学科专业知识相关联的学习研究。学科专业知识是指由事实性内容支撑的，对概念、概括和原理的深刻理解为证据的知识（安德森与克拉斯沃尔，2001；布兰福德、布朗与科金，2000）；
- 它假定教事实性知识和技能就能够实现对学科的概念、概括和原理的深刻理解；
- 它无法有效地应对指数级增长的知识，并会在教育群体中导致一种"加速蔓延"的焦虑感；

- 它无法支持对更深刻的知识与技能的跨时间、跨文化、跨情境的迁移。

本书连同作者们之前出版的其他书，为倡导概念为本的课程与教学提供了更多的支持。概念为本的课程与教学是探究驱动的、是观念中心的。它超出了对事实与技能的记忆，并将概念和深刻的概念性理解作为第三个维度添加了进来。这些概念性理解可以跨时间、跨文化、跨情境迁移，这样即可培养和发展学生在相似的观点、事件或问题上发现规律与联系的能力。

受众

这本书总结了埃里克森博士和兰宁博士这两位国际顾问、教育工作者二十几年在概念为本的课程与教学上的工作成就，她们一直致力于帮助教师、课程领导者、教学导师、学校管理者理解概念为本的课程与教学的力量。我们将本书强烈推荐给那些为职前和在职教师提供最新、最前沿课程设计教学的大学水平的课堂，当然，也推荐给想要给予学生深刻概念性理解的、所有学科的大学教授们。

本书清晰而详尽地阐述了概念为本的课程与教学，不但适用于K-12基础教育学段，也适用于其他所有年级的所有学科，但前路漫漫，道阻且长……

章节概述

第一章以个人的视角回溯1960年代至今的课程设计之摇摆变迁，并讨论了内容目标的传统设计模式的贡献和问题。本章结束于对概念为本的课程与教学的概述，以及它与传统的内容覆盖为中心的课程与教学的不同之处。

第二章对比了二维和三维的课程模式，二维模式聚焦于事实性知识与技能，三维模式则聚焦于事实与技能支持下的深刻的概念性理解。本章带来了林恩·埃里克森的知识结构（1995）和洛伊斯·兰宁的过程结构，以使教育工作者能够同时掌握内容驱动学科和过程驱动学科的共生模型。

知识结构图发布于林恩·埃里克森的第一本书《激荡头脑、心智和灵魂：重新定义课程与教学》（1995），它反映了知识的不同层次间的关系，这些层次是由希尔达·塔巴表述的，她是五六十年代深受敬重的一位教育研究者和课程领导者。塔巴是"选定重要内容以支持深刻概念性理解"的早期倡导者。她称这些概念性理解为"主要观点"（main idea）（塔巴，1996）。在知识结构中，它们被称为概括和原理。

洛伊斯·兰宁 2013 年出版的过程结构的书拓展了埃里克森的工作，并描绘了诸如英语语言艺术、视觉和表演艺术、世界语这一类过程驱动的学科拥有怎样一个由过程、策略、技能、概念、概括及原理架构起来的结构。过程结构与知识结构相伴而生。随着美国对英语语言艺术和数学学科核心标准的强调，以及《下一代科学标准》的发布，对内容及过程更为深刻的概念性理解的呼唤愈发强烈，本书可谓恰逢其时。除了国家越来越强调概念性深度和理解的重要性，全球的学校和一些特殊的课程项目，如 IB 项目群，也正在致力于知识和过程的概念性结构的运用。第二章探究了两个结构的相互作用，并回答了一些问题，诸如"哪些学科最能代表过程结构的设计？""尽管被认为是基于过程的学科，数学为什么应该更多地归于知识结构之下？"两个结构都代表了三维的概念为本的模式，它能够将孩子们的思考拓展到知识、理解和技能的更深层次。

第三章呈现出了埃里克森的知识结构，它是一个三维课程模式，能够激发学生的高阶思维，能够帮助学生看到新旧知识之间的规律和联系，并将他们从事实带到可迁移性理解。关于知识结构与课程框架设计之间关系的讨论，以及本书末尾的资源 A 和资源 B（数学和科学的概念为本教学单元），可以为课程撰写者提供有益的示范。

第四章探索了兰宁提出的与知识结构互补共生的过程结构。过程结构展示了如英语语言艺术、视觉和表演艺术、世界语等学科中过程、策略、技能及概念、概括、原理的关系。这些学科领域将其概念性理解、策略与技能应用到知识结构提供的内容当中，但它们的学科内容却是基于过程结构的。要清晰地解释过程结构中不同组件之间的关系，需要借助不同学科领域和不同年级的具体案例。资源 C、D、E 提供了视觉艺术、世界语、音乐这类学科的完整的概念为本的单元教学案例。

第五章强调的是注重了概念为本的教师发展问题。本章提供了一个教师发展量规，将其分为初学、崭露头角、精通等几个阶段，它可以帮助教师及管理者从概念为本的理解、概念为本的课时计划、概念为本的教学三个维度的标准，发现教师在特定发展阶段的进步情况。

第六章探索了概念为本的学生培养的特征。教师在致力于发现学生眼中的"启蒙之光"的教学过程中，需要评估学生个体的进步，本章则提供了这样一个量规，此量规陈述了初学、崭露头角、优异三个阶段的特征，有"学习热忱"、"协同思考"和"深度理解"三个维度。

第七章探索了从二维的内容覆盖的教学模式，到三维的概念为本的教学模式转移所需要作出的教学转变。

第八章的焦点转向了学校领导和教学指导。教学反馈和概念为本的课程目标之间若不联系起来，就会阻断有效改进的进程。本章提供了一些工具和策略支持教师们在发展自己的技能以满足学生需要时，保障书面课程、学生表现数据和教师持续性支持之间的协调一致性。

第九章将区域的课程领导者也纳入进来，扩大了责任讨论的范围。区域必须确保建立强有力的课程基础设施，以不断发展工作人员的能力。课程实施的发展阶段已经过深入的研究，区域领导者只需按照这些研究结论来推进工作就可以保障实施的流畅性。

第十章做了一个重点回顾，并探讨了世界教育的未来。全球的相互依存要求所有国家的儿童获得一种与以往不同的教育。相对于传统的二维模式，概念为本的三维课程与教学模式作为一种更强有力的教育模式正在获得全球的认可，它在高阶思维和概念性理解迁移方面提供了更好的支撑。过去，对于学生无法获得足够学业成就的问题，我们所采取的措施曾是撰写更细致的内容和技能目标，这往往演变成更多事实性知识的覆盖。我们认为这种措施是无效的，而事实已经证明了这一点。它仅仅是旧房子涂新漆。我们希望本书能够激发大家围绕概念为本的设计能够带来什么而展开讨论，这包括它如何提高教学与学习的效果，以及它如何激发发展活跃思维的关键——协同思考。

第一章 课程设计：

从目标为本到概念为本的模式

几十年来，人们一直依赖于布鲁姆的教育目标分类学（Bloom, Engelhart, Hill, & Krathwohl, 1956）来编制课程，这个分类通过区分从知识到评价的认知层次为学校教育的思维维度设定了结构。课程委员会使用代表六种不同认知层次的动词来撰写内容目标。这在课程设计上曾是一个进步，但似乎仍然存在一些问题。仅仅依靠代表不同层次的动词，将其附加在主题上，并不能保证学生理解学科概念；这些目标本身，与我们当前所研究的支持教学和学习的最佳实践并不一致。因此，在课程设计的领域内，有更多的工作需要去做。

在 2001 年，安德森和克拉斯韦尔发布了修订版的布鲁姆教育目标分类学，它是一个飞跃，因为它清晰地区分了事实性知识和概念性知识。课程领导者经常会引用这些话："通过将事实性知识从概念性知识中分离出来，我们强调教育者的教学达到对概念性知识深层次理解的需要，而不仅仅是去记忆零散的、片段的事实性知识。"在新版当中，作者们提出了为学习而设计的重大需要。如果作为教师的我们，无法分辨事实性知识和概念性知识，那么，我们如何能够为了可迁移及深层次的概念性理解而教学？为此，安德森和克拉斯韦尔解释了"理解"的过程：

当学生们在即将学习的新知识与已有的知识之间建立联系时，他们方能"理解"。更确切地说，新知识与既存的模式和认知框架要相融合。只有当概念成为这些模式和框架的砖瓦时，概念性知识才成为理解的基石。

Norman L. Webb（2005）曾为理解日益增长的知识深度和设计相关联的学习活动开发过一个工具。这个工具如今在很多学校流行，它将过程性动词和四个不同层次的认知水平（回忆、技能/概念、策略性思考、扩展性思考）相连接，并用代表不同层次的动词引导学习活动。这项工作强调教育工作者需要谨慎地处理不同复杂程度认知水平的学习活动。但是即便如此，撰写学习目标时，使用代表复杂思考活动的动词仍不能保证学生发展出更深层次的概念性理解。这是因为我们的焦点更多地放在推进教学活动的动词上，而较少放在对于观点的可迁移的理解上。正是因为这个原因，埃里克森和兰宁建议采用以观点为中心的概念为本的课程模式，推动学生从事实性知识走向概念性理解的学习。

探索概念性理解的重要内涵，其过程是漫长而曲折的。曾经为了应对各种压力，如国际竞争（1960年代空间竞赛），"国家在危难之中"（A Nation at Risk）的报告，以及促成STEM的第三次数学和科学学习的国际性研究（TISMS, the Third International Study of Mathematics and Science），及其他的教育创新尝试，课程设计的发展经历了曲曲折折的岁月。

一、作者视角下的一个简短回顾：教育之摇摆

林恩·埃里克森在她的第一本书《激荡头脑、心智和灵魂》（2008，首版发布于1995年）里第一次提出了"概念为本的课程与教学"这一词汇。为理解概念为本的课程与教学的历程，洛伊斯·兰宁为我们分享了她们最近对美国课程设计摇摆不定的四十年的回顾。这个短暂的回顾可以为概念为本的课程与教学的转变历程提供一个背景。

> **林恩**：洛伊斯，你知道吗，在我们之间，有着75年的教育历程？！回想起这些年来的摇摆非常有趣。我仍然记得六七十年代如火如荼的"开放教室"哲学（"Open Classroom" philosophy）。那时候，创造

力是一个年代热词。学校拆掉墙（或者建立隔离墙最少的新学校）来创建空间充足的区域，以利于混龄分组和活动。课程文档是不存在的，或者是不明确的。

洛伊斯： 是的，"开放教室"运动……事实上，我清晰地记得参观过一所创建了新的"开放教室"的私立学校。它建在一个如诗如画的地方，阳光透过漂亮的角窗照射进来，激情澎湃的教师向每一位来访者打招呼。学生跟教师说话的时候直接喊教师的名字，这是另一个流行风尚。尽管开放教室运动有很多优点，如以学生为中心的学习、混龄课堂、自定节奏学习，但还是很快落幕了。开放空间的喧嚣，缺乏学术标准的问责，最终导致大部分学校放弃了这种想法。

林恩： 在"开放教室"的这些年中，我知道了希尔达·塔巴（Hilda Taba）的研究，她发现了在课程与教学设计中"概念"（concepts）和"概念性主要观点"（conceptual main idea）的价值。这个时期，塔巴在课程设计方面是很有影响力的。自她1968年去世以来，她的研究和观念一直运用于大学课程体系的教学中。她是概念性课程设计的先驱之一。基于对概念性理解重要性的认识，她写过一个小学社会学的项目。不幸的是，我所在的学校由于高涨的"开放教室"运动的热情淹没了塔巴的影响。那时我并没有意识到，我将会用毕生的工作拓展塔巴的道路。顺便说一句，我有没有告诉你，我名字前面的"H"其实是"Hilda"的缩写，代表塔巴？我父母怎么会知道？

洛伊斯： 我的确疑惑过，你的书中"H"到底代表什么！你是否还记得1970年代的晚期，社会和学校都强烈地反对"开放教室"运动？学校的墙重新复位，老师们又开始被要求在每一个学科领域完成确定的"行为目标"。这些目标是如此的具体……"学生将以80％的熟练度计算三位数的乘法问题"。我还记得拿到一个20厘米厚的阅读手册，上面清晰地记着学生需要学习的各种互不相干的技能。

林恩： 对，说的没错！当时我教一二年级混龄班，我还记得我拿到了一个大盒子，里面的资料都是关于阅读行为目标的，还有一个 30 厘米长的金属杆，用来将轻纸板文件夹中的阅读目标技能表格穿起来。我太讨厌那些无需动脑的机械训练的表格！但是，尽管我没有看到这些表格将如何发展我的学生的思维或者阅读能力，我那时还是照做了。现在回想起来，有一次，我的一个学生没有拿好这个杆，戳伤了另一个同学。

洛伊斯：我所烦恼的是让学生去阅读箱子中特定颜色级别的卡的正面，然后正确回答卡背面的三个问题。每当我每天拿出这个的时候，学生们的叹息简直就是我的噩梦，但是那些颜色级别是我评估的一部分！我知道应该有更好的方式……

林恩：我也记得那些卡片和上面的问题。我认为这样做的目标是在对课程进行"防教师化"（teacher-proof）！在 1980 年代早期，我们仍旧持续撰写内容和技能目标，布鲁姆的目标分类学是课程编撰者手臂的延伸。我曾组建教师委员会，使用高阶布鲁姆动词撰写"终极"目标，编制我们的课程。我们对自己的工作如此自豪！我们有战争、日期和历史事件，全都在我们的文档中。内容中所有的问题都没落下。但是，当我们将这些东西发给教师后，他们却将其束之高阁。

洛伊斯：布鲁姆的目标分类学至少让我思考我应当如何让我的学生们思考……这仅仅是一个开始，你是对的，仅仅使用一个高阶动词无法保证深度理解。

林恩：是的，当我们想要完成所有的目标时，似乎有些东西丢失了，但丢失的元素却又难以捉摸。你还记得 80 年代末 90 年代初的成果导向教育（Transformational Outcome-Based Education）的时代吗？这是另一个课程设计理论的大转换，它放弃了传统的将知识以既定方式建构的学科结构。取而代之的是，倡导课程开发应当围绕更为宏大的生活主题，比如取材于各种相关群体的协作，或者对主题的多样性理解。课程设计不再遵从传统学科领域的指定，而是与复杂的生活主题看齐。激进的课程重组建议激怒了社会人士，他们批评学校"接管孩子的思想""不教（事实性）知识"。作为一个课程指导者，我接到不止一个群体的电话让我安抚家长并解释我们学区的课程模式实际上仍是讲授阅读、书写、算数和（事实性）知识。

洛伊斯： 实际上，我认为在这个时候，更多的人开始提出教学与学习的更多问题。标准开始进入人们的话题。

林恩： 是的，正是在这个时候，我开始意识到课程设计领域中概念的价值。我们已经明确了我们想要的教育结果，即让我们的学生成为高水平的思考者和协作者，而且我们认识到我们可以使用相关概念框定重要的事实性知识和技能，以此进行课程设计，从而有效地达成这个终极目标。在我做课程指导者的八年时间里，我们按照概念为本的模式设计了 K-12 的课程，那时我们还没有撰写"概念性理解"，因为当时我还没有理解到这个层次。有时候教育的变革看上去会让我们脱离正确的轨道，尽管如此，每次的教育改革运动还是能够在课程与教学上给我们带来一些有价值的东西。前进的道路注定是曲折的。

如今，在教育领域，更多的人认识到课程和教学必须超越知识和技能，它必须涵盖更有深度的、可迁移性的理解，这个层次的理解是在概念性层面的思考中形成的。对此，我们认为有两个最重要的原因：

> 知识正在以指数级数量增长，我们必须向更高层次的抽象度（概念）迈进，以聚焦和处理信息，这样知识才能被完整地和有效地存取和利用。

> 发展学生解决复杂问题的思考力和创造新观点的能力，需要更为复杂的课程和教学模式——一个鼓励"协同思考"的模式。当一个人进行协同思考的时候，在知识与理解的事实性和概念性层次之间有一个认知的相互作用。这种相互作用会激发更高层次的思考，并引起对知识和概念的更深层次的理解。（埃里克森，2007）

概念为本的课程在设计中专门包含了概念性维度，而这正是激发协同思考所必备的。概念为本的教学清晰地分辨出了学生在事实性层面必须知道的，概念性层面必须理解的，以及在过程中策略上、技能上能够做的。然而传统课程模式更多是关注学生能知和能做，它更容易忽略将理解作为第三个要求。这始于80年代末90年代初，那时候课程设计者强调少用理解这个词汇，因为它无法评价。多年来，这种观点对课程设计造成了很坏的影响。的确，事实性知识易于评价，但是目光短浅地囿于事实性知识的牢笼意味着我们将被锁定在课程和教学的低层次覆盖模式上。

> 协同思考能激发高阶思维并引起对事实、技能和概念更深刻的理解。

理解当然是可以被评价的。对理解本身的评价，以及对学生在任务中所表现出的思考质量的评价，都是使用具体事实性信息来支持概念性理解。对跨时间、跨文化、跨情境的可迁移性提出要求的评价也能昭示理解的深度。很明显，教育呼唤对深层理解的评价证据，这需要传统评价实践做出改变。

二、概念为本的模式中"知道""理解"和"能做"的价值

对于教育的不同人群来说，作为概念为本模式的构件，KUD（Know, Understand, Do）有其不凡的价值：

教师

对教师而言，KUD模式给教师的教学提供了清晰的指标，而且：

- 通过提供由事实性知识和技能支持的概念性理解的高质量案例，在理解主题为本和概念为本的教学和学习的对比中帮助教师向着更高的阶段发展。
- 通过将焦点从**覆盖知识和技能**到**使用知识和技能以理解概念**，以及概念性理解的迁移来提高教学标准。
- 将概念为本的教学法和推进这种教学法的课程设计紧密联系起来。

如果我们是为了概念性理解而教，那么我们需要清晰地看到这些理解是如何为我们的教学计划指明方向的。

学生

对学生而言，教师设计了 KUD 模式的学习体验和概念为本的教学法，学生将因此而受益，因为：

- 当学生建构个人意义和理解的时候，学生会在脑海中将事实性知识和技能与已有的相关概念进行交互的、迭代的处理加工。这种协同思考过程能够开发学生的智力并激发学生的学习。在这一过程中，每一个学生的思考是被重视的。例如，让学生通过概念性视角"证据/观点"来思考"气候变化"问题，将他们拉到了探究的"驾驶座"上，并告诉他们教师对他们如何通过"证据/观点"来解析"气候变化"的问题非常有兴趣。学生在智力和情感上都积极参与到学习中去，因为当他们将事实性知识和概念性视角联系在一起思考时，他们是为自己而思考。
- 在学生为有趣的问题或事件进行推理、讨论、探索、创作作品和制定解决方案时，协作性工作小组将会让他们积极参与到意义的社会性建构上。
- 学着进行超越事实的思考并进行跨时间、跨文化、跨情境的迁移概念和理解，将开阔学生的世界观，帮助他们发现新旧知识之间的模式和联系，并为他们的终身学习提供大脑图式。

管理者

对教育管理者而言，KUD 模式为校长和导师在学生需要学习的内容方面提供了清晰的指标。这些指标连同管理者对于概念为本的教学法要求的理解，为支持每位教师成长为概念为本的专家提供了基石。

家长

对家长而言，当课程文档清晰地表明哪些是学生必须知道的、理解的和能够做到的时候，家长更能够认识到他们的孩子在接受着比他们自己当年更好的素质教育。当他们理解孩子不但在学习重要事实和技能，而且还在发展更深层的对概念的深度理解时，他们就会明白孩子比他们学得更多。当在餐桌旁，听到孩子们谈论概念以及他们把事实性信息连接到概念性理解的时候，家长们也就听到了孩子们知道什么，理解什么和能做什么的证据。

这是一个如今上高一的学生 Connor Cameron 在 8 年级科学课上经历的概念为本的学习体验。注意，三年过去了，看看概念为本的教学如何使他保持热情和积极性，让他在三年之后仍然记忆犹新。你看看能否找到 Connor 所知道的知识、所达到的概念性理解，以及在技能和过程中能够做的事情。他的学习可迁移性的证据在哪里？

> 我的科学老师是 Presho 先生，他在华盛顿的一所中学教书，他给了我们一个项目，让我们设计一个装置，这个装置可以放置在盛满水的 18 英寸的鱼缸里，并且能够从顶部到底部移动，至少来回三次。给了提示后，他就离开我们，让我们自己对这个问题提出创造性解决方案。我意识到，我必须想出一个办法，让这个小"潜艇"能够提高或降低其自身的平均密度，以保证它能够自动地上浮或下沉。根据我之前参加科学博览会项目中电解过程的一些经验，我意识到，可以让它在水下时使用电解过程产生气体。我使用电解过程的原理来降低小"潜艇"的整体密度，让它低于水的密度，以使其能够上浮。为了能够保存这些气体，我选了一个两升容量的瓶子放在小"潜艇"上作为储气之用。
>
> 电解，如图所示，是在 NaCl（盐）和水的溶液中运行电流的过程。这个过程打破水分子的键，将其分成两个 H 和一个 O。它看上去就像金属阴极表面空气产生的小气泡。
>
> 我已经解决了让它浮上来的问题，但我还要想办法让它沉下去。

我需要设计一个阀门,让小潜艇在水底的时候是密闭的,浮于水面时是敞开的,以使气体能够排出去。

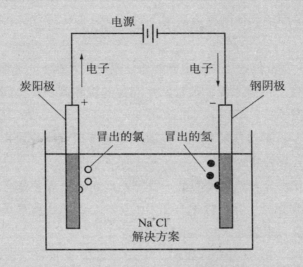

我决定使用一个软木塞和一些橡胶密封带。在水下的时候,软木塞会上浮,压到橡胶密封带上,实现密闭。当阀门到达水面的时候,软木塞会下沉,离开橡胶密封带,打开瓶子。

我让电解过程不间断进行,并且只要这个过程产生了足够多的气体,使小潜艇的密度低于水的密度,它就会浮起来。然后阀门会释放气体,它又会沉到水底。

在这个项目中,我学到了问题解决能力和创造性技能,而且我也学到了浮力、密度和物质属性的概念。通过设计这个开放性项目,老师让学生们在解决问题的时候发挥了创造力,于是学生们创造了各式各样的潜水装置,从使用 Alka-Seltzer 药片(一种能释放气体的药片)到使用周期性降低重量的物体。关于浮力和密度的概念,我学到了物体的密度(单位体积内的质量)是如何影响其在液体或气体中的上浮或下沉的。一个物体的密度大于周围液体或气体,它会有更少的浮力并下沉,反之,它会有更多的浮力并上升。例如,气球中如果充满我们呼出的气体,它会下落,而充满氦气,则它能够升起来。

在Connor的回忆中，你能找到KUD模式以及可迁移的证据吗？

1. K——知识术语：密度、浮力、物质；电解过程的知识；气体密度低于液体的知识。

2. U——理解物体的密度决定了它在一种液体或气体中上浮或下沉的能力。

3. D——在液体解决方案中能够通过改变一个物体的平均密度来让它在这个液体中下沉或上浮；通过回忆先前知识和推理解决问题，形成可行的解决方案。

4. 迁移——通过比较气球中充氦气和充普通气体导致它的上浮能力的不同，来迁移密度的概念。

这个回忆更有特殊意义的是，回忆者Connor正是本书作者埃里克森的孙子。看到概念为本的教学与学习发生在自己孩子或孙子的课堂，是多么令人振奋。感谢你，Presho先生！

这些年来，教师们告诉我们，家长经常来电或写信表达他们看到孩子们深层次的概念性理解和高水平的讨论时，他们由衷的喜悦之情。

并且他们呼吁，传统课程目标应当使用更为清晰的KUD（知识、理解和技能）模式来制定。这将给教师和学生提供需要达成的学习目标，同时允许教师在设计教学的过程中灵活利用教学的科学和艺术。我们为什么觉得有必要"告诉"教师在所有学科领域的特定主题上都必须使用这些动词呢？何不将在课堂上需要讲授的诸多知识以关键主题的形式提供给教师呢？何不要求教师将不同年级和不同学科领域的"技能标准"内化，这样他们就可以设计出全年的学习过程，用来提升知识、理解和技能？诚然，在如数学、语言艺术等学科领域，一些技能要先于其他内容讲授，如果教师对于技能的内化可以达到足够丰富和规范的程度，他们将能够在教学设计中以强有力的方式进行整合，而不是简单地在某个内容前面加上一个如"分析"这样的动词。

三、传统内容目标的问题

一直以来，课程的设计被内容和技能目标所框定，并且依赖诸如识别、解释、分析等动词来表征心智处理所处的水平。但是我们过多地做出了这样的假定，给主题添加一个动词就会引起深层次的概念性理解。研究表明，学生们尤其是在科学和数学领域，在进入高中和大学后仍在关键概念上存在着诸多误解。一个典型的案例是名为"私有宇宙"（A Private Universe）的视频，这个视频由哈佛-史密森天体物理中心出品。

> 但是我们过多地做出了这样的假定，给主题添加一个动词就会引起深层次的概念性理解。

21世纪迫切需要的高阶概念性思维能力包括：

- 通过可迁移的概念和概念性理解发现新旧知识之间的模式和联系的能力；
- 将知识分类储存到头脑的概念性图式中，以便更为有效地处理信息的能力；
- 跨文化、跨时间、跨情境迁移概念和概念性理解的能力。

传统的课程设计模式无法仔细区分事实性和概念性层次，然而这是教育者激发学生进行协同思考所必备的。安德森和克拉斯沃尔的新版教育目标分类的书中针对传统课程设计明确提出了这个问题，但是，课程文档中事实性知识目标和概念性知识目标之间是综合还是区分，这一点依然是摇摆不定的。

在过去20多年的工作坊生涯中，我们发现，教师们在主题和概念、事实和概括的区分和联系上，极少获得培训。这已经成为我们对教师和学校管理人员进行培训的重要组成部分。在过去的10年间，我们看到了越来越多的教师参与到概念为本的课程和教学的培训，但是相关实践并未广泛传播。

传统课程设计的另一个重要问题是，它不是以观念为中心的（idea centered）。教师们可以复述目标（如，与主题和技能关联的动词），但是当问及从主题和技能中抽取的概念性理解的时候，他们往往难以清楚地表达这些观点。与陈述内容或技能目标相比，清晰地表述概念性理解是一个不同的思考过程。要清晰地陈述一个概念性观点，在打磨这个观点的时候，人们需要认真思考事实性支撑。进行概括（概念性观点）的文字能力可以在实践中很快培养出来，但表述概念性理解是一种深度思考，在目标驱动模式中鲜有需要和使用。

> 与陈述内容或技能目标相比，清晰地表述概念性理解是一个不同的思考过程。

概念为本的课程设计需要教师们清晰地表述他们希望学生们知道什么、理解什么、能够做什么。一些国家有国家课程（national curricula），另一些国家制定学业标准（academic standards），这些文献都可以作为设计概念为本的课程三维要求（知道、理解、能做）的起点，在建立本地化课程（local curricula）的时候，这三个要素都必须提取出来。国家课程或学业标准是课程框架，它们并不是可以直接在课堂上教的。学校或学区需要按照学业标准或国家课程的事实、概念、技能要求开发课堂课程（classroom curricula）。让我们一起用历史课中的传统目标和更加清晰的概念为本模式做一下对比吧。

在图 1.1 中，传统模式聚焦学生知道什么。单个的动词用来开展主题内容的学习，也代表了学生需要学会的技能。或许教师可以从州立标准和国家课程中抽取更多的技能目标，但是他们仍然被束缚在既定要求的内容目标中，将动词与主题进行匹配。问题是动词与主题的组合无法保证能够产生概念性理解。在这个历史课案例中，想要超越基本内容的教学，需要依赖教师的发挥。但常常因为这种目标设计，而使这种超越无法实现。在这个案例中，即使第三个目标是概念性描述，没有接受过概念为本培训的教师也往往将这个目标作为一个以"评估"这一动词来开展的活动来处理，而不是一个需要理解的观点。

> **图 1.1　传统目标模式**
>
> 单元题目：第二次世界大战
> 学生将：
> 1. **识别**美国参与二战的原因，包括专制膨胀与珍珠港袭击事件。
> 2. **分析**二战的重大问题和事件，例如发动多方战争，拘留日裔美国人，大屠杀，中途岛战役，诺曼底登陆，哈里·杜鲁门使用原子弹的决定及该事件的形成过程。
> 3. **评估**战争对于一个国家的主要耗费和益处，并且站在某个国家的立场，选定一个国际争端，以此为背景进行角色扮演辩论。
> 4. **解释**第二次世界大战期间一些著名军事领导人所起到的关键作用，包括奥马尔·布雷德利、艾森豪威尔、麦克阿瑟、马歇尔和乔治·巴顿。

图 1.2 展示了概念为本的模式，它清晰地要求概念性理解，而不仅仅是知识和技能。尽管动词是均衡地从整个学年丰富的历史推理和思考技能库中挑选出来的，但需要注意的是，此时动词的选择是由教师来决定的。两者的平衡意味着，在整个学年一系列适当的循序渐进的教学过程中，学生的学科能力与体验均得到发展。

教师的循循善诱给学生以启发，这正是概念为本的模式为教师提供的重要的概念性理解教学法。这一点将在本书第四章中进行论述。

传统的目标设计聚焦于要学习的内容，而且在内容驱动的学科上（如历史），技能也不过是附着在内容目标上的技能动词（如识别、分析……）。概念为本的模式则是列出单元内容，但是在设计教学体验的过程中，动词的选择权在历史教师的手中，因为内容不再是教学的最终目的。对历史学科来说，内容是重要的，但它也是一个发展孩子概念性理解的工具，并且这些概念性理解将成为孩子跨时间、跨文化、跨情境理解其他类似事例的框架。这种寻找规律、相同性和不同性的比较能力深化了心智处理和概念性理解。概念为本的课程模式提供了一个不同层面心智处理的清晰描述：在事实性层面上能"知道"，在概念性层面上能"理解"，在技能和过程层面上能"做"。

图1.2 带有 KUD 的概念为本模式

学生将知道（K）：
- 美国参与二战的原因
- 二战的重大问题和事件
  - 发动多方战争
  - 拘留日裔美国人
  - 大屠杀
  - 中途岛战役
  - 诺曼底登陆
  - 哈里·杜鲁门使用原子弹的决定及其后果

学生将理解（U）：
- 国家间的争端会导致政治、军事、经济等方面权力平衡的转变，战胜国在国际议程中将拥有更大权力和影响力。
- 中立国可能被迫去调停国际争端，以保护他们自己的政治或经济利益。
- 战争期间政府会动员人力、军事和政治资源。
- 战争期间的军事资源需求可以促进就业和刺激衰弱的经济。

学生将能做（D）：
- 找到和使用主要、次要资源，如计算机软件、数据库、媒体和新闻服务、传记、采访和文物等等，来获取信息。
- 排序、分类、识别因果关系、比较、对比、找出主要观点、总结、做出概括和预测、做出推理和结论，通过这些方式分析信息。
- 识别书面、口头和视觉材料中的偏见。

历史学家可能很快就会提醒我们，历史事件和问题因为处于特定的时间和情境中才使得它们独一无二。的确如此，但是这并不意味着我们无法从跨越时间的历史事件和问题中做出概括，当然，这确实意味着我们得出这些"历史教训"的时候必须小心谨慎。这些概括需要得到跨越历史的不同事实性案例的支撑。在撰写历史学科的概念性理解的时候，另一个需要注意的问题是避免常见的"现在论"（presentism）（Wineburg, 2001）。现在论意味着将一个当下的文化偏见错误地强加到对过去的历史事件的解读当中。比如，19世纪的工业快速进步，在书写这段历史时曾有人使用今天的道德评判标准指责环境和劳动力问题，却不提及这些在当时的合理性。人们对于这种观点的改变毫不检视，而是广泛颂扬。历史时期以及文化和社会背景要么没有被考虑，要么被盖上当代观点的印记。在书写概念性理解的时候，如果想要具有概括性，可以使用跨越时间的事实性案例做支撑，并使用如"可能""或许"这类的限定词，这样对于隐含的时间、地点和观点方面的表述会更有弹性，避免"现在论"，我们必须对事实、时间与内容有深刻的理解才行。

我们建议使用 KUD 替代传统课程框架中的目标，因为 KUD 就是目标。它比传统目标更清晰、更明确，区分了知识、理解和技能，给教师提供了深入思考教学设计的信息。如果州立课程学术标准和国家课程使用 KUD 进行设计，区域的课程开发将会更加容易。在州或国家层面应该组织学科专家们一起找到每个年级和学科的基本概念性理解，提供给教师使用。美国《下一代科学标准》正在朝正确的方向努力，标准中的核心学科观念，正是基本概念性理解。

四、问题讨论

1. 为什么自从 20 世纪 50 年代中期开始传统目标成了课程指导的唯一模式？
2. 为什么世界各地的教育工作者开始认识到概念为本的课程与教学在指导教学与学习中提供了更为强大的模式？
3. KUD 目标给教师提供了哪些传统目标缺失的东西？
4. 你如何给家长解释传统目标和 KUD 模式的不同？如何给你所在的概念为本的学校的新教师解释？

五、总结

概念为本的课程与教学模式这么多年来经历了曲折的历程，但这个过程是向前进步的，因为世界范围内的教师及其他教育工作者付出了积极的思考和努力，并不断地追问在学校教学中到底什么可行，什么不可行。即使是在课程实践领域经历剧变的时期，课堂上的教育者和领导者也一直持有这样的信念——高质量的课程设计必须超越对低阶目标进行打对勾式的覆盖形式，走向以事实和技能为支撑的跨时间、跨文化、跨情境的可迁移可应用的概念和概念性理解。概念性迁移将能够帮助学生在相似的情景下发现规律和联系，提供复杂思考和理解的跳板，而这两者是职业准备和终身学习的关键。在第二章中我们将对比课程与教学设计中传统的二维模式和概念为本的三维模式，并将引入内容的结构和过程的结构。

第二章 课程模式：

二维对比三维

一、对比二维模式和三维模式

传统的课程设计模式基于动词驱动的目标（如，列出……，分析……，识别……），这和概念为本的三维课程设计模式有着显著的不同。我们可以从图2.1中直观地看出二维设计和三维设计的特征差别。二维模式的传统课程设计聚焦于事实和技能，并通常假定产生深刻的概念性理解。这种模式会导致课程设计中的"一英寸的深度，一英里的宽度"现象。三维的概念为本的模式则能够在概念性层面上识别出创造深层知识、可迁移性理解和高阶思考的重要性。三维模式为课程和教学提供了更复杂、精妙的设计。

> 三维模式为课程和教学提供了更复杂、精妙的设计。

在三维模式中，主题、事实和技能仍然是模式的重要元素，但是第三个维度——概念、原理和概括——则保证了概念性思考和理解在课程与教学设计中的突出地位。主题、事实和技能能够支持概念性思考和理解。三维模式展现了设计课程时的重要元素，在这个图中展示出它与传统简单的二维覆盖模式形成强烈对比。这并不是说二维课程模式不包含概念性焦点，而是说它并没有将事实与技能的要求和概念性理解清晰地区分开来。所有学科都有概念性维度。深度理解以及知识与技能的可迁移性，需要教师理解事实/技能层面和概念性层面的关系，并将这个关系有效地利用在教学上。为深度概念性理解而教与为记忆事实性知识而教有着天壤之别。在课程中必须清晰地区分这两个层次，才能够给教师的备课工作提供支持。

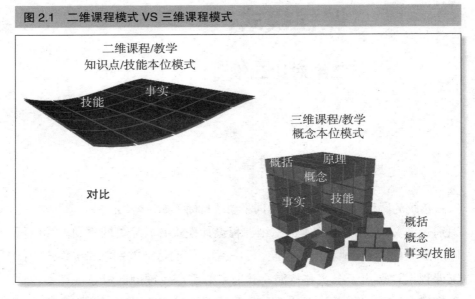

图 2.1　二维课程模式 VS 三维课程模式

对比二维与三维模式的目的是为了形象地呈现课程与教学从何处而来，应如何改变，以满足我们持续面对的区域性和全球性的智力挑战。在下一段我们将介绍知识的结构和过程的结构这两种三维的概念为本的模式。

二、知识的结构和过程的结构

1995 年，林恩·埃里克森在她的第一本书《激荡头脑、心智和灵魂：重新定义课程与教学》中为知识的结构设计了一个模式。知识的结构展示了课堂上讲授的主题和事实及其相关联的概念、概括、原理和理论的关系。

2013 年，洛伊斯·兰宁则在她的名为《为英语语言艺术设计一个概念为本的课程：以完整智力实现共同核心课程标准，K-12（Lanning，2013）》的书中分享了过程的结构。在与林恩·埃里克森成为同事，并在概念为本的课程与教学领域共事 18 年后,她将自己在英语语言艺术领域的造诣投入于过程学科的课程设计模式,这些学科包括英语语言艺术、世界语,还有艺术。这个结构展现了英语语言艺术的内容(过程、策略和技能)中实际隐含着的重要概念,以及与之连接的概括和原理。这些概括和原理是与过程、技能和策略关联的深度的概念性理解。这种理解极其重要,它可以避免肤浅的技能应用,并支持复杂技能的跨情境迁移。一旦被理解,特定的过程、技能和策略可以被应用在更广泛的内容上,并且产生意义(Lanning,2013)。知识的结构和过程的结构是互为共生的、三维的、概念为本的模式。在此,分享一个案例,可能有助于理解过程为本的表现要求与从中提取概念性理解的极大不同,请大家看一下两者在句子构成上的不同:

> 知识的结构和过程的结构是互为补充的共生结构。

过程为本的表现要求:报告一个主题,讲一个故事,使用合适的事实和相关的描述性细节叙述一个体验,并以可理解的节奏清晰地表达。(来源:美国共同核心课程标准·英语语言艺术 4.sl.4)

图 2.2 知识的结构与过程的结构

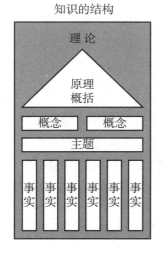

来源:林恩·埃里克森(H.Lynn Erickson,1995)　　来源:洛伊斯·兰宁(Lois A. Lanning,2012)

概括（概念性理解）：为了更为清晰地被人理解，高效的主持者将根据目标和受众调整他们的信息和呈现风格。

"概括"清晰地告诉教师需要教授的重要的、可迁移性观点。而"标准"本身很容易被看作是活动中需要涵盖的孤立技能。

图2.2展示了两个结构互为依存的本质。过程的结构为理解概念为本的课程与教学中的过程学科（如英语语言艺术、世界语和视觉与表现艺术）填补了一个空白。在主要由事实或概念性内容（如历史、数学）驱动的学科中，知识的结构比较奏效。但是其他学科，比如英语语言艺术，则是由过程、策略和技能所架构的，然后应用到从一系列资源中选取的内容上（Lanning, 2013）。

三、知识和过程的相互作用

知识和过程是双人舞，没有一个，另一个也难以表演。

试想一下想要——

读书_____空白页面。
开飞机_____没有对设备及升起、空速、方向等概念的知识和理解。
解决一个问题_____没有问题。

过程和知识是互补的，而且有一个共生的关系。知识自身是迟钝的并且毫无用处，除非将它付之于包含策略和技能的过程行为上。同样，像阅读、写作、思考、分析、制作或者创造也无法脱离内容而进行有意义地运作。但它们之间的关系是具有灵活性的，任何数量的过程、策略和技能都可以应用在特定的内容上。例如，假如我正在做"气候变化"的主题，在学习这一主题时，我可以选择以下任何的过程、策略和技能。

- 分析多种来源的科学数据资料，包括口头的、视觉的和电子的文本。
- 创建数学模型以表达统计数据。
- 依据统计数据分析进行经济预测。

- 为特定的受众撰写一篇意见书，意见书旨在解决一个问题并使用合理的论据支持其立场。

正因为如此，任何数量的技能都可以被应用在特定的学习内容上，所以我们应当允许教师在设计学习体验的时候，针对特定主题和内容选择需要使用的技能。但是这意味着教师有责任将自己学科的每个年级的州立标准和国家课程要求中的所有技能内化于心；并有责任在设计整学年的学习体验和评估的时候能够从全套的技能中随意提取。教师还应该对如语言艺术、世界语、数学等学科的相应的技能发展顺序烂熟于心。

传统的观念认为数学是一组需要记忆和执行的程序集。数学中的大多数问题都可以按程序解决，并能有助于探索、推理和建模。事实上，美国《共同核心课程标准·数学》已经明确强调将内容标准和数学实践的标准相结合的重要性。这包含：

1. 弄清问题，并坚持解决它们。
2. 进行抽象的和定量的分析推理。
3. 建构切实可行的论据并对别人的论证进行评价。
4. 使用数学建模。
5. 有策略地使用适当的工具。
6. 注重精确度。
7. 寻找和使用结构。
8. 寻找并表达反复推理中的规律性。

数学是思考和处理信息的另一种方式，它能让我们对世界上的现象做出更深刻的理解。因此，它应当跨学科应用。

数学、科学和其他学科领域是事实性知识、概念性理解和技能的三维构建。下一节我们将考虑课程文档的课堂描述来确定概念为本的设计原理。

四、对比教学描述

三维的概念为本的课堂展现出特定的特征，与传统的二维的课堂形成鲜明的对比。下面的两个单元教学简述中，有一个说明了概念为本的特征，另一个则没有。你能否找出哪个简述表现了概念为本的单元计划的特征？是什么特征？你如何做出这样的结论？

课堂A：3年级科学——世界上的动物

单元概述：

你是否思考过我们的世界上有多少种不同的动物？在本单元中，你将选择一个动物进行研究并制作报告分享给班里的其他同学。

你需要尽量多地分享信息，包括：
- 你所研究的动物的名称和描述。
- 你所研究的动物的特征。
- 它们在世界上的位置。
- 你所研究的动物生活的栖息地的种类。
- 你所研究的动物如何保护自己。
- 它们吃什么食物。

在我们去动物园实地参观之前，你将作为这种动物的研究专家向同学们分享你的研究。

课堂B：3年级科学——世界上的动物

单元概述：

你是否曾思考过为什么动物居住在它们居住的地方？……一种动物的栖息地如何满足它们的生存需要？……动物如何适应改变的环境？在本单元中，你和你的搭档选择两种生活在世界上不同地点的动物。你们需要制作一个图表，对比每种动物的栖息地，并发现它们所适应的栖息地环境都具有哪些特征。我们将讨论动物们如何适应变化的环境。单元结束前，你需要设计一个适合你想象中的动物生活的栖息地，并且这个栖息地是不同于这个单元学到的。你需要画出和描述出你所想象的动物的特征，并且展示出这些特征是如何适应你所创造的栖息地的。然后，你再将这个栖息地的周围环境做一下改变，你要描述出你的动物需要具备哪些特征才能够适应变化了的环境。

你是否发现了课堂A提供了一个传统的针对一种特定动物的研究。课堂B则通过对比两种不同的动物及其不同的栖息地的关系，使用概念性视角"栖息地"和"适应性"来激发学生的个人智慧。在要求学生们使用栖息地和适应性的概念来处理关于动物的事实性知识的时候，正是概

念性视角引发了协同思考。正是思考的事实性层次和概念性层次的相互作用导致了深层次理解以及概念与观点的迁移能力。课堂中最后的要求是为了表现学生的概念性理解和概念的迁移能力。这个单元巧妙地结合了美国《下一代科学标准》（2013）中的内容："对于任何特定的环境，一些生物体可以完好地生存，一些则不能完好地生存，另一些则完全无法生存。"（NGSS, LS4.C——适应性）

> 概念性视角引发协同思考。

下面，用我们的能力来识别概念为本的表现性任务。下面的哪一个任务是概念为本的任务？你有什么证据支持你的选择？

课堂A　表现性任务——9年级代数线性方程和函数

城市游泳区需要一个新的水中滑梯，作为一名工程师，你决定提交一个方案。提案要求滑梯分为三部分：开始的时候陡峭，然后缓一些，然后再和起始一样的斜度。

设计一个满足以上要求的滑梯。在设计每一段的斜度的时候，要考虑到安全性和趣味性。为了能够将参选的设计进行比较，你需要提供一个滑梯的图纸和每段滑梯斜度的数学说明。

如果你的设计被选中，你需要保证每一部分的建造都符合斜度要求。作为本项目的工程师，描述两种方法用来保证滑梯的建造符合你的设计要求。

垂直变化和水平变化的比率叫做斜度。描述一下在你设计水下滑梯的时候，斜度的作用和重要性。除了水下滑梯，斜度在其他方面的重要性是什么？用你自己的话解释斜度与垂直变化和水平变化的关系。

课堂B　表现性任务——9年级代数线性方程和函数

在这个任务中，要求你计算图中线的斜度。使用斜度公式完成练习册上的习题。完成计算后，描述一下你是如何完成斜度计算的。

不难看出课堂 A 采用了概念为本的表现性任务设计，但原因可能不易发现。课堂 B 并不要求学生口头或书面解释对他们所写的东西的理解，焦点仅仅是在技能上，关注如何计算斜度而非概念性理解。在课堂 B 中，我们只能猜测学生是不是获得了概念性理解。但是在课堂 A 中，教师不仅知道学生是否能够计算斜度，并且将任务和重要的概念理解通过指标（用你自己的话解释斜度与垂直变化和水平变化的关系）结合起来。学生

对这个关系的解释将能够明确地显示他们概念性理解的深度。

在第三章我们将更为细致地解释知识的结构并探索其在不同学科领域的隐含意义。

五、问题讨论

看到课程与教学的二维和三维模式，你如何向你们学校的新教师解释它们的不同？

1. 学生能够从三维课堂学习中获得哪些益处？
2. 为什么学校向三维的教学迈进会花费些时间？
3. 概念为本的课程与教学如何以三维的模式呈现出来？
4. 为什么说知识的结构和过程的结构是一个硬币的两个面？可以这样说吗？
5. 什么是过程的结构能够涉及而知识的结构却无法涉及的？
6. 你如何向一个新老师解释这两个结构的共生关系？
7. 作为一个教学指导员，在观课的时候，你会去寻找哪些现象来证明你看到的是三维的概念为本的教学？

六、总结

模式可以帮助我们理解所发生的变化和书面的描述。两种模式展示出了传统课程模式与概念为本模式的对比，帮助我们理解：

1. 课程设计的二维和三维的图示。
2. 在三维模式中展示出的教学中的知识的结构和过程的结构，同时也使我们认识到内容和过程的概念性本质。

内化这些模式，在课程设计和课堂教学中寻找它们的要素，专注于学生在学习中的思考和理解，这是支持我们主动朝向概念为本的课程与教学迈进的有效策略。

第三章 知识的结构

一、理解知识的结构中的关系

知识的结构清晰地展示了主题、事实、概念、概括与原理之间的关系。其中,概念是从学习内容中得出的,概括与原理是由事实来支撑的,同时呈现了概念性的联系,即可迁移性的理解。最顶端是理论,它是一个推论或一系列用来解释某种现象或实践的概念性观点。知识的结构从具体而精确到抽象并可迁移,层层迈进。

在第二章我们讨论了传统的二维的课程与教学模式和概念为本的三维模式之间的不同。当你看图 3.1 的时候,你能否发现二维课程的焦点在哪里?第三维度从何而来?如果你说二维课程聚焦在主题和事实上,那么你答对了。概念和概括及原理是第三维度——概念性工作。所以如果我们说一个教师是三维的、概念为本的教师,那么这个教师的教学指向哪里?概念为本的教师的教学指向概念、概括及原理,并把主题和事实作为达成深度概念性理解的工具。这并不是说事实性知识和技能没有其自身的价值,它们作为工具而具有发展深层次的概念性理解的拓展价值。

在本书当中,知识的结构模式做了少许改进以更精确地表达埃里克森当前的思考(图 3.1)。在之前的图形中设计了两个隐含不同概念的主题框,但实际上,可以同时从单个主题单元标题中提取多个概念。图 3.1 重绘了知识结构图以展示这种轻微改变背后的思考。

图 3.1　知识的结构

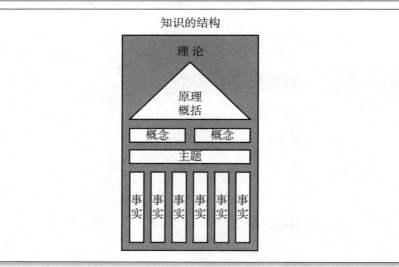

来源：林恩·埃里克森，1995

为了理解这个结构，让我们来回顾一下主题与事实、概念、概括、原理和理论的不同：

- **主题和事实**。主题和事实无法跨时间、跨文化、跨情境迁移。它们被锁定在特定的时间、地点、情境当中。主题的例子如：二战、雷诺阿的画、人体、亚洲文化。事实是主题框架内的特定知识片段。

- **概念**。概念可以跨时间、跨文化、跨情境迁移。它们是以共同属性框定一组实例的心智建构。例如，宏观概念（跨学科的）：变化、系统、独立……；微观概念（更多是学科内的）：角度、文化、嗓音、恐惧、栖息地……

概念拥有以下标准：
  ○ 不受时间影响；
  ○ 具有普遍性；
  ○ 使用一两个词或者短语来表述；

○ 不同程度的抽象（宏观到微观）；
  ○ 多个实例分享共同属性。

- **概括**。概括是表述两个或两个以上的概念之间关系的句子。它们是跨时间、跨文化、跨情境可迁移的理解。概括不包含专有名词、动词过去时、代词，因为这些词会将观点限定在特定的人或群体。"生态系统中的生物体形成相互依存的关系"即是一个概括的例子。概括是由事实性实例支撑的真理，当这种观点很重要又不能包含所有实例时，可以使用限定词（如经常、可能、或许等）。例如，"国家可能使用斡旋来解决国际冲突"。过度使用限定词可能会削弱概括的力量，因此，仅仅在必需时使用。

- **原理**。原理是对概念性关系的表述，但是它和概括有两方面的不同：
  ○ 原理有着和概括一样的概念性理解的标准，但它上升到了更高的层次，如定律，或有着迄今为止最好证据的真理，例如牛顿定律，数学公理。
  ○ 原理从来不含有限定词。原理比概括少很多，概括又比事实少很多。在课程设计上，不必区分概括和原理，它们都是对概念性关系的表述，还有些表述，如基本理解（埃里克森2002），持续性理解（维金斯和麦克泰），核心学科观念《下一代科学标准》（2013）都是说的同一个事情。

- **理论**。理论是一个推论或者一组用来解释现象或实践的概念性观点。当然了，教师们在课堂上会涉及理论，但当下我们需要聚焦在课程与教学设计的基本转变上——迈向良好定义的三维模式。

知识的结构展示了主题和事实、从主题和事实中抽取的概念，以及概括和原理等各个层次要素的关系（概括和原理是表达跨越时间、地点和情境的概念性关系的句子）。当学生可以使用事实来支持概念性理解的时候，我们可以说他们拥有了对内容学科的更深层次的理解。深度理解的重要性已经在认知和教育研究中有了详实的记录（Bransford, Brown, & Cocking, 2000）。我们再也不能假定孩子在发展概念性理解了——我们必须朝向这个方向去教，引导学生发展概念性理解。而这只能通过概念为本的课程与教学设计模式来实现。

二、知识的结构如何指导课程设计

> 如果不将观点与支持性内容相联系，人们将无法形成深刻的概念性理解。

知识的结构展现了课程设计的流程，从主题和事实开始，将它们结合在一起找出重要的相关概念，这些概念又连接在一起形成跨越时间和相似情境的概念性理解，即概括/原理。一些教育者可能会质疑这从下往上的方式，并指出应该从"大概念"开始，然后找出支持性内容。他们可能没有意识到，他们在设计大概念的时候，实际上反复思考了关键内容。比如说，我要讲授美国革命，独立、自由、革命这些概念就会出现在脑海。如果不把这些概念和主题、事实相联系，我将无法设计概括。我的概括可能是"感觉到政治压迫的人们可能最终通过革命获得更大的自由"。这个观点可以贯穿历史。如果不将观点与支持性内容相联系，人们将无法形成深刻的概念性理解。一旦概念性理解形成，将会找到很多不同的事实性实例；多年来我们发现，这种从下往上的策略将会使概念性陈述更清晰、更有力量。教师们经常被要求讲授特定的内容，因此，始于主题和技能，然后提炼概念是行得通的。人们或许会问，为什么概念性理解对课程设计和教学如此重要，这有很多原因：

- 它们是从要学习的主题中提炼出来的批判性理解。在知识大爆炸时代，我们更应该关注学科和重大问题的最为基本的理解。
- 因为知识广度太大，我们完全有理由提升到更高的抽象度（概念、概括和原理）上，来聚焦和加深智力性工作。

- 全球互动和跨文化背景的学生日益增多，这将允许教师从学生的文化背景中提取概念和概括的实例来支持学生的学习。
- 概括和原理通过允许学生建构自己的个人意义来支持其探究。在教师组织的结构化探究的帮助下，他们形成概括。教师通常使用启发性教学方法——通过有效使用不同类的问题、不同的教法、个人或小组调查、讨论、分析、总结等指导学生的探究。
- 只有在概念性理解的层次上，迁移才会发生。能够将理解迁移到不同具体实例的学生发展了大脑图式，使其深刻地洞察新旧知识之间的模式和联系。
- 协同思考需要事实性知识和概念之间的互动。协同思考需要更深层次的心智处理，并让我们能够对与概念相关联的知识产生更深的理解，它可以支持个人意义建构，并能增加学习的主动性。这将激励我们更好地使用我们的大脑。

IB 项目就是一个基于概念的三维课程模式，它重视探究的原则、深刻的概念性理解、知识的可迁移性、协同思考和跨文化理解。

三、在国家、州或区域层面上设计学科课程框架

我们意识到一个令人不安的趋势，很多人想使用宏观概念来组织学科内容。例如，一个社会学课程设计委员会想将重要内容主题放置在变化、冲突、相互依赖等宏观概念上；或者一个科学课堂想利用互动、变化、系统来组织学科内容。这些宏观概念对学科内容的组织而言太宏大了。主要问题是几乎所有的内容都可以放置在任意一个宏观概念之下。如果我讲二战，放置在哪个概念之下？变化？冲突？相互依存？如果我讲人体，我可以将哪一个概念作为课程组织者？互动？变化？系统？宏观概念无法作为清晰的课程组织者。宏观概念的确可以在概念为本的单元设计中生成概念性视角，聚焦单元工作，激发协同思考，但我们

> 宏观概念对学科内容的组织而言太宏大了。

不是说只有宏观概念才可以作为概念性的视角。很多时候，不论是过程驱动的单元还是内容驱动的单元，单元题目都呼唤更具体到学科的概念性视角。比如说，在一个英语语言艺术单元中，"人物刻画"或"人物原型"这种概念性视角可能更能聚焦这个单元。在一个历史单元中，"英雄"可能会为低年级的社会学课程提供最佳的视角。

让我们更仔细地考虑一下数学这一学科的一些独特特征。为了开发国家、州、区域课程框架，一个能够将学科领域打散成各个分支、依照分支组织概念以及更为具体的相关概念的垂直模式，可以成为连接数学实践与理解的可行的课程布局。图3.2提供了数学框架的案例，以及一些可能实施的课程组织内容。

在数学学科中，技能是整合在特定的组织概念和相关概念中的，但是在一些学科领域，如历史，技能是应用在所有社会学课程内容中的。因此，社会学课的技能无法在一个表内和相关概念一一对应放置，技能可以放置在表的下面，以供在设计学习体验和评价的时候自由选择来与内容结合。对英语语言艺术和其他过程驱动的学科，技能则是组织概念和相关概念整合在一起的，并可以一一对应地放置在同一个表格内。数学和其他的过程驱动的学科如英语语言艺术、世界语等，必须使用不断增长的技能深度和复杂度按年级层次编排。

四、数学——一个概念驱动的学科

当我们思考数学的时候，我们往往是在思考解决问题的操作技能，因为数学往往被当成技能为本的学科。你或许想知道，为什么我们两位作者把它既当作过程驱动的学科又当成概念驱动的学科？原因就是，数学是一种概念性的语言。概念和概念性关系是通过过程和技能来表达的，但是过程和技能又无法架构这门学科。数学是由概念和概念关系来架构的，这些算法的例子仅仅是支撑性"事实"，举个例子，减法和代数方程这些概念是受具体算法支持的。所以我们主要把数学当作一门概念驱动的学科，这就导致了一个非常有趣的问题，"如果数学被当作一门表达概

第三章 知识的结构 • 31

图 3.2 数学框架模式

数学摘录——8 年级实例

分支	组织概念	相关概念	主要技能	概括案例
数字系统	有理数	无理数；估算	从无理数中分辨有理数。估算无理数的值。	数学家可以将有理数表示为终止或循环小数。数学家用无理数的有理数近似值，因为无理数的十进制表示法不会重复或终止。
表达式和方程	线性方程组	比例关系；变化率；斜率；截距；相似直角三角形；比例因子	绘制通过坐标原点的线性方程的比例图。从坐标系内的任何非直垂线中提炼出方程。	在一个比例关系中，单位变化率用方程 $y = kx$ 代表直线斜率，其中 k 是比例常数。任何一个非垂直直线上的两个不同的点，都可以形成类似的直角三角形，每一个都有一个比例因子相当于该直线的斜率。线性方程组在决定一个坐标网格线的斜率和截距。
函数	线性函数	代数，图形，数值，文字表示法；变化率；截距；非线性	构建和比较以不同的方式表示的函数。解释线性函数并给出非线性的例子。	一个函数对每个输入都会有一个输出。函数描述一个数量决定另一个数量的情况。函数值的多种表示法为对比不同函数的属性提供了机会。

数学摘录——8年级实例

分支	组织概念	相关概念	主要技能	概括案例
几何	变换体积	平移；旋转；反射；伸长；全等；相似性；直角三角形；距离；圆柱；圆锥体；球体；	进行平移、旋转、伸长和反射的实验操作来确定一致性和相似性。用勾股定理来确定直角三角形未知边长。使用毕达哥拉斯定理找到坐标平面中两个点的距离。	一系列的旋转、反射、伸长和平移决定了两个图形的一致性；一系列平移（包含伸长）决定了两个图形的相似性。直角三角形的斜边的平方等于其他两个边的平方的总和。体积公式代表图形的代数描述，并量化其内部空间。
统计与概率	关联模式（patterns of association）双变量测量数据 二元分类数据	离散图；群集；异常值（association）；联合值；斜截式；最适线；分类数据；二维表；相对频率	构建并解释散点图的二元测量数据以查明两个数量之间的关联模式。非正式地为一个暗含线性联合的散点图拟合一条直线，并使用方程来解决问题。构建和解释一个二维表格，用来总结两个分类变量的数据，这些数据是从同样主题中收集来的，并且它们通过使用相对频率能够描述变量之间的可能关联。	散点图代表二元测量数据，并显示出可能的组合。通过展示二元分类数据的相对频率确定了可能的组合。

来源：基于美国《共同核心课程标准·数学》（52-53 页）

念性关系的语言来理解,那么,我们为什么经常将其作为需要完成的一套技能来讲授呢?"嗯,或许是因为我们总是聚焦在数学的事实性技能上,而假定学生已经发展了概念性理解。传统上,我们是不是把数学当成了二维的结构?现在是时候重新将数学定位成三维模式,并开阔我们的视域,将焦点重新涵盖数学的概念性理解(概念性关系)。过程和技能是支持建构这种理解的基石。如果学生们超越肤浅的技能,理解了数学的概念性基础,他们的表现就会达到美国《共同核心课程标准·数学》的素养要求。

在下一节,我们将看到数学还有其他学科的一些概念性理解(概括)的案例。你是否可以在每一个句子中画出概念?记住"概括"的定义是"在说明某种关系的一句话中存在两个或两个以上的概念,并可以跨时间、跨文化、跨情境迁移"。

五、概念实例和特定学科的概括

概念既可以宏观,也可以微观。表 3.1 展示了一些宏观概念。宏观概念是广博的,并可以跨越很多学科领域。因为这个原因,它们可以产生极佳的"概念性视角",以聚焦主要学习主题(单元标题)。在跨学科单元当中,宏观概念可以为整合思维提供高水平的视角。例如,如果我们班要学习"大屠杀",一系列的宏观概念可以为学习提供合适的视角或焦点。可能的视角如:人性 / 反人性、勇气或压迫。

表 3.1 宏观概念例子

权力	变化 / 连续性	行动 / 反应	形式 / 功能	转变 / 变换
相互依存	价值	身份认同	可持续性	设计
互动	观点	悖论	系统	次序
势力	审美	迁移	关系	同情
交流	交流	结构	创造力	空间

微观概念则更贴近学科，比宏观概念更为具体。一些微观概念在少数的不同学科间有迁移性（如艺术中的"线"和数学中的"线"）；另一些微观概念则更清晰地出现在特定的学科（如科学中的"栖息地"；历史中的"革命"）。表 3.2 提供了一些不同学科的微观概念的案例。

表 3.2　学科微观概念例子

科学	数学	体育	社会学
细胞	角度	耐力	移居
渗透	二次方程式	柔韧性/灵活性	人口
细胞器	几何图形	舒适性	空间关系
自然资源	估算	策略	地形地貌
生态系统	乘法	保持	恐惧
适应性	斜度	合作	资源

可以使用宏观概念将概括打造得更具有跨学科迁移性，例如：

"相互依存的系统依赖各个部分有效配合。"

"变化随时间的流逝而产生。"

> 宏观概念可以解决宽度问题（更强的跨情境的迁移性），但是却无法提供深度的学科理解。

一些教育者认为概括越广博，迁移性越强，这种概括就越好。这也未必。宏观的概念可以解决宽度问题（更强的跨情境的迁移性），但是却无法提供深度的学科理解。所以，在一个课程单元中，应当有一到两个更为广博和抽象的宏观概念，而为了保证理解深度，大多数单元概括要使用微观概念。单元中概括的总数根据单元长度的不同和年级的不同可以有所不同，但一般情况下，平均每个单元要有 5 到 8 个。更为宏观的概括可以包含概念性视角（它是聚焦单元题目并激发概念思维的宏观概念）。图 3.3 提供了一系列不同学科的概括来表明理解的概念性深度。

清晰且强有力的概括代表了学科最重要的概念性理解，让教师感到自己的课程极具张力，可以信马由缰。看到学生可以内化那些由事实性知识支撑的清晰而重要的概念，是一件多么美妙的事情啊。

图 3.3　学科概括

数学——4 年级分数
- 等值分数代表一个整体的相同部分，但是是以不同的方式分配的。
- 通过以相同的比例增加分子和分母的值可以创建等值分数。
- 位值提供了一种有效的方法将分母为 10 的分数表达为小数。
- 两个分数值的大小可以通过为这两个分数建立共同的分子或分母来进行比较。

社会科学——9 年级地理
- 人们通过定义地理区域来参照复杂的人类/环境系统。
- 移民、战争和贸易可以促进语言、习俗和观念的传播。
- 当国家意识到他们的资源和政治利益，他们就会出台经济和政治政策来促进贸易关系和政治网络。
- 由于人口增长而引起的适应和变化过程可以改变一个地方的地理风貌。

科学——10 年级生态
- 生物系统一直在经历变化并追寻生态平衡。
- 生物可获得的资源决定其生长、发展和生存的能力。
- 能量通过有机体和环境系统而流动。
- 生产者和消费者创造一个互相依存的系统。

六、问题讨论

1. 知识的结构如何反映二维和三维课程模式的关系？
2. 教师们应该在知识的结构的哪个位置确定教学的终极目标？为什么？
3. 理解在哪个层面上迁移？
4. 你如何将知识的结构介绍给你学校的一名新教师？
5. 概念为本的课程框架设计与传统课程框架有何不同？
6. 为什么概念为本的框架对一个教师来说更有用？
7. 学生能从概念为本的课程与教学中获得什么益处？

七、总结

本章回顾了知识的结构以澄清主题/事实、概念、概括/原理和理论之间的关系。这些要素的定义及其关系对于概念为本的教育者而言是非常重要的信息。没有这些理解，一个人无法成长为概念为本的教师。然后，以数学为例，对设计一个概念为本的学校、区域或国家层面的课程框架提出了建议。本章的最后，对宏观和微观概念进行了简短的讨论，并且分享了一些特定学科（数学、地理和生态）的概括案例。第四章将会解释和探究过程的结构对课程设计和教学的重要性。

第四章 过程的结构

本章介绍了知识的结构的补充——过程的结构。过程的结构显示了在过程驱动的学科，例如英语语言艺术、视觉和表演艺术以及世界语等学科中，过程、策略和技能与概念、概括和原理之间的关系。这些学科领域将其概念性理解、策略和技能运用到知识的结构提供的内容中，但是其学科学习是基于过程的结构的。

一、过程的结构

美国《共同核心课程标准》，以及势在必行地面向深刻理解的教学，及时雨般地将过程的结构推向聚光灯下（见图 4.1）。就像埃里克森知识的结构图描绘了知识是如何构成的那样，过程的结构图展示了过程、概念、概括和原理这些组成部分之间的内在联系。

正如《为英语语言艺术设计概念为本的课程：以完整智力实现美国共同核心课程标准，K-12》（Lanning，2013）中所言，当处在过程结构中概念层次的时候，我们从"做"转向到"理解"为什么做我们要做的事情。尽管概念是我们从"做"中提取出来以支持理解的（比如，使用某个过程、某种策略或技术），但是概念并不是"做"这个行为本身。

> 当处在过程结构中概念层次的时候，我们从"做"转向到"理解"为什么做我们要做的事情。

为了解释过程结构的目的，可以将过程、策略和技能看作是帮助学生接触和探究学习内容的工具。

图 4.1 过程的结构

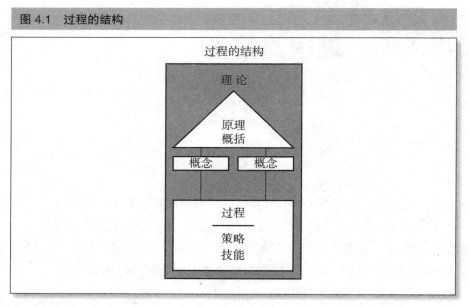

来源：兰宁，2012。

过程的结构的每个组成部分的定义如下，并附有一个例子：

1. 该结构的底部（即过程结构的最低层），包括过程、策略和技能。这三个元素都包含在组成部分之中，其中过程是最广泛、最复杂的，然后是策略，最后是技能。因为对于技能驱动的学科而言，概念是从这三个元素中分别提取出来的，所以把它们交织在一起放在这个图中。

> 将过程、策略和技能看作是帮助学生接触和探究学习内容的工具。

- **技能**。技能是嵌入策略中的较小操作或行动，同时，如果能够适当地运用，技能可以帮助策略来发挥作用。技能支撑了更复杂的策略（兰宁，2009）。关于这方面还有后续的说明。
- **策略**。可以将策略看作是学习者自觉（元认知的）适应并监督其提高学习表现的一项系统计划（哈里斯和霍奇斯，1995）。策略是很复杂的，其中包含了许多技能。为了有效地使用某项策略，个人必须掌握足以支持特定背景下策略的多种技能，能够流畅而灵活地使用这些技能，并适当结合其他相关的技能和策略。例如，采取"推断"这一策略需要使用背景知识、做出预测以及得出结论等技能。为了有效地运用"推断"这个策略，学习者必须熟练而灵活地使用相关的支撑技能（兰宁，2009年）。

- **过程**。过程是产生结果的行动。过程是连续的，同时它会经历不同的阶段，在每个阶段中不同的输入（材料、信息、人们的意见和时间等）可能会变换或改变过程演进的方式。过程定义了需要做的事情，例如，书写过程、阅读过程、消化过程、呼吸过程，等等。这些过程是连续的，只有当干预发生时才会停止。结果的质量可能取决于输入（如上所述）。在某个过程的各个阶段，输入会转变该过程演进的方式，同时，结果也会呈现不同于最初的特性（兰宁，2009）。所以，过程是复杂而抽象的，最终结果的质量取决于适当的策略以及嵌套于过程中技能的运用。

2. 过程的结构上升一个层次就是概念，它们是用一个或两个词（名词）或短语来表征的。它们描述了来自内容（主题）以及来自基于学习的复杂过程、策略和技能的心智建构或观念。概念用来书写我们希望学生在本单元结束时能实现的理解（概括）。同之前知识结构中概念的定义方式一致，概念是永恒的；概念提供的学习内容会随着年龄的增长而变得日益复杂，因为它们具有普遍性，从任何文化中都可以找到有代表性的例子。

3. 最后，我们达到顶端的这个三角：

- **原理**。原理可以定义为一套基本的规则或真理。在过程驱动的学科中，例如英语语言艺术，有些人把英语语法和用法的规定性规则看成是原理。艺术中有设计原理，音乐中有创作原理，诸如此类。
- **概括**。第三章将概括定义为思想之概括。它们回答了这个相关问题——"学习结束时我能理解些什么？"同时，概括可以正式定义为两个或多个概念的关系表达。原理和概括之间有细微的区别，如果一种观点对要学习的学科而言很重要，但又并非普遍适用，可以添加限定词，这类概念性表述，我们称之为概括，而非原理。为了避免混淆，概念为本的课程中仅会使用概括这个术语；没有必要担心某个理解性陈述是一条原理还是一条概括，因为这不是问题的关键。问题的关键是在本单元学习结束时确定学生具备了我们希望他们达到的重要的、可迁移的理解。

● **理论**。如第三章所述，语言、艺术和音乐也涉及理论，所以我们将理论也添加到过程的结构中去。概念为本的课程与教学强调面向理解的教学，也就是概念和概括。这样做会显著提高学生的学习水平！

> 概念为本的课程与教学强调面向理解的教学。

可以看到，概念、概括/原理和理论这三个术语都包含在知识的结构和过程的结构中。这三个术语在两个结构中的定义是一致的，并代表相同的关系。

现在，让我们来看看，如何使用过程的结构在各个过程驱动的学科中生成概括。图 4.2 第一列中列出了各种过程学科的样本课程单元标题。第二列中列出了单元结束时学生应当能够掌握的过程、策略或技能。请注意，对于英语语言艺术而言，这些预期（标准）直接来自《共同核心课程标准》。在第三列中，如过程的结构（见图 4.1）所显示的那样，这些概念是依据过程得来的，或从本单元学习内容中得来的（见图 4.2）。最后一列显示了用确定的概念写成的概括案例。

概括代表了本单元学习结束时学生将实现的重要理解。依据本单元的年级水平和长度，一个典型的课程单元会有 5～8 个概括。在一个以过程为本的课程单元（艺术、音乐、世界语和英语）中，虽然有小部分概括讨论了研究内容，但大多数概括代表了有关过程的重要认识。

图 4.2　过程学科中的概括

学科领域/单元标题	过程（策略/技能）	概念 →	概括
英语语言艺术：《反复传诵的故事》	• CCSS.ELA-读写能力.RL.K.9：在教师的鼓励和支持下，比较并对比熟悉的故事中角色的冒险和经历。 • CCSS.ELA-读写能力.RL.K.2：在教师的鼓励和支持下，重新叙述故事，包括关键的细节。	熟悉的故事，叙事技巧，角色，重要观念和顺序。	通过人物的冒险，环境，遇到的问题和解决方法，人们可以重新叙述这些熟悉的故事。
世界语/西班牙语水平1:《用餐传统》	• 使用食物词汇。 • 表达观点并评论食物。 • 使用非正式肯定祈使句来提出要求。 • 使用带有 DOP 的非正式肯定祈使句。 • 使用词源动词:Pedir/probar/preferir/poder。	味道/香味，传统和指导。	动词变位可以传达动词与人、数字、方向、时态、性别、情绪和/或声音等方面相关的细节。
音乐：《民歌》	• 聆听并辨认音乐材料涉及的音乐概念。 • 聆听并写出节奏曲调或民歌。	拍子，节奏音符值，情绪，诠释，音乐元素组织，作曲和即兴创作。	聆听有节奏的或有旋律的调子可以创建一种作曲模式。
艺术：《视觉认识能力》	• 利用不同的材料、技术和过程来表达思想、情感、经验和故事。 • 描述为何不同的材料、技术和过程能够引发不同的个人反应。	暖色，冷色，色调，阴影，互补，一级，二级，三级，沟通，技术。	独特的颜色和组合能够吸引眼球，沟通情感，让视觉作品更令人难忘。

二、过程的结构如何指导课程与教学

知识的结构和过程的结构展现出某种概念性系统，该系统将那些内容（知识）主导的学科、过程主导的学科或者两者交叉的学科组织起来。过去的课程蓝图总是会忽略这一点（尤其是以过程为本的学科）：即认识到重要且可迁移的概念是嵌入在复杂过程中的。教师们希望学生将阅读和写作的策略运用到内容中（总结文章，写出清晰的思路等等），但是，学生们不知道为什么这些策略很重要，也不知道它们对于阅读和写作过程有什么帮助。这样一来，对于学生而言，学习变成了一种情境性的、以技能为本的，并且更加难以记忆和迁移的过程。过程的结构说明了观念对于理解过程是必不可少的，就如同它们对于理解知识那样。

> 过去的课程蓝图总是会忽略这一点（尤其是以过程为本的学科）：即认识到重要且可迁移的概念是嵌入在复杂过程中的。

不要假定教师个人能够指出某个课程单元中重要的可迁移性认识（概括），概念为本的课程可以为教师们提供很多概括，那些概括将成为区域层面或学校范围内各年级指导教学的焦点。因为我们的目标是培养学生深层次、可迁移性理解，所以教学应设计为探究的形式；通过举例子和提出具体的开放性问题，教师能引导学生去认识本单元的概括。第五章我们会更深入地讨论这个问题。

最后，无论是什么学科，在设计概念为本的课程时，我们需要同时考虑知识和过程，但是学习任务的重要性通常摆在更高位置。试想如何教会一个孩子骑自行车？是的，其中包含交通规则、自行车零件的名称以及需要学习的交通信号（知识），但是，成为自行车手最基本的一点是骑行的策略和技能。孩子可以通过练习学习骑自行车的基本技能（平衡、启动、停车和转弯），但是，要成为一名技术纯熟的骑手，他们必须发展对概念的理解，这种理解不仅来自骑车的过程，而且来自对自行车以及骑行环境的知识（距离、耐力、速度、风速、公路与山地自行车的规则等等）。专业骑行者或运动员需要超越个别的概念理解，而实现对各个概念之间联系的理解（概括），这可以迁移到其他形式的骑行（摩托车、独轮车和滑板）。随着专业技能的提升，从知识和过程中得到的关键概念的横向和纵向的合成能力也随之提高，你认识到这一点了吗？

现在，试想教孩子关于他或她自己政府的知识。课程单元中要包含的内容将会被确定下来，并且会成为教学的焦点。是的，学习中会包含一些过程和技能（阅读、写作和展示等），但是，这些技能是用来影响学习内容的，并不会决定内容是什么。一旦孩子实现了对本单元内容中重要观念的概念性理解，他就能够将本次学习迁移到对世界其他地方政府的认识，并进行比较和比对。这个过程中孩子学习到技能，但是不一定能上升到深层理解，因为在这个案例中，内容知识是教学的驱动力量。

知识和过程是不同的，但是如前所述，两者之间存在相互作用。我们面临的挑战是要在教学和学生学习评估之间寻找到适当的平衡点。如果教学和评估过于偏向知识而轻视过程，或者相反，那么学生的理解通常会停留在肤浅认识上。在培养专业技能的过程中，存在一个关键的时刻，在这个时刻学生会将内容概念的理解和过程概念的理解合二为一。我们应当反思这样一种教学，即目的仅仅是对内容概念的深层理解，而技能只是达成这个目的的"做"的过程，这种情况在数学、文学、社会学中经常看到。我们不能假定学生会自己理解"是什么"和"为什么"。换句话说，教师应当有意识地决定什么时候需要学生去实现对过程的概念性理解，从而实现对内容的充分理解。有意识地进行教学设计，并令两者经常地结合在一起，同时评估对这两种概念性理解的综合能力，将有助于培养面向复杂的 21 世纪的学习者。

三、问题讨论

1. 对过程的结构各要素关系的理解如何帮助你拓展对"人们如何学习"这一复杂过程的理解？

2. 概念为本的课程如何支持我们对人类如何学习的认识？

3. 过程、策略和技能之间的区别是什么？何时最应该知道这种区别？

4. 为过程驱动的学科设计课程时，仅将知识的结构作为教学模式的潜在后果是什么？

四、总结

过程的结构描绘了过程各要素与概括之间的层级关系。当我们将自己对于这个结构的理解运用于过程驱动的学科的课程与教学时,我们将会把学生推向超越常规素养的对复杂过程之中主要概念的迁移性理解。使用概念和概括来指导教学,将会使学生获得更为长久的记忆,同时使学科的重要过程、策略和技能具有相关性。

过程的结构架构了资源 C、D 和 E 单元。在回顾单元网和概括的时候,看看你能不能解释过程的结构和课程之间的关系。另一个过程驱动的学科——英语语言艺术——该学科小学、初中、高中的案例可以在兰宁博士的书《概念为本的英语语言艺术课程》中找到。

接下来,第五章探讨了个人如何成长为概念为本的教师。这个征程是多面的,需要耐心和毅力,然而,教师们一次又一次告诉我们,这是他们接受过的最为专业、最有收获的学习体验之一。

第五章　培养概念为本的教师

个人如何认识和实现自身的成长呢？在学习新东西的时候，人们（包括我们自己）一般需要别人的帮助。虽然在热门电影、书籍和网络游戏中，英雄常常被描绘成独断独行的个体，他们可以自己学习如何克服障碍，解决复杂的问题，并迅速成为专家，但这并非事实。大多数现实生活中的成功案例都包含了许多导师和支持者的汗水。开放的胸襟和乐于接受的态度是学习过程的第一步。

一、填补知道、做和理解之间的鸿沟

对于教育工作者来说，专业发展的中心目标就是培育并深化教学和学习的专业知识。过去，专业发展意味着要么参加一个会议，要么邀请某位专家来某个地区或学校讲学。这些对于提高人们的认识，快速普及某个主题的一般知识，与来自不同地区的教师建立人际关系等方面都是不错的快速途径。但这些会议或者讲座仅仅是播下了一颗新思想的种子，这粒新思想的种子能否扩展并付诸实践，直接决定了专业发展方面的投资会不会打水漂。为避免这种浪费，学校系统正在不断地加大力度，为教师们提供基于工作的嵌入式培训，让教师从所参加的会议、读书（比如这一本）或者听讲座等活动中得到知识，再通过协作将知识付之实践。这个过程为获得更

> 围绕新观念进行专业协作有助于扫清实施过程中的障碍。

深的理解铺平了道路。因此，为了实现这一点，指导性的教学岗位和专业学习社区的建立在目前被认为是非常有效的手段。

二、协作性的概念为本的教学计划

想象这样一种场景：让你的同事帮你以新知识为基础重新设计教案，再让他们在你上课的时候对你进行观察。你会不会很难接受那些与你亲密共事的同事给你在教学方面的帮助或想法？如果是这样，你并不孤单。是什么令你有这样的态度呢？原因可能包括本章开头提及的社会对英雄的描绘，不喜欢被人品头论足，专业上的不安全感，甚至更糟糕的，无需他人建议的错觉。如果我们不具备"被辅导能力"，那么学习过程会比原本需要的更为困难，更加缓慢。如果我们能够虚心听取别人的想法，接受来自他人的帮助，包括他人提供的支持和反馈，那么我们可以更加有效地填补知道、做和理解之间的鸿沟。来自国家工作人员发展局的研究显示了教学辅导、学习小组和同伴反馈的强大功效（见图5.1）。

图5.1　影响水平和培训要素之间的关系

培训要素	知识影响	短期使用影响（受训者%）	长期使用影响（受训者%）
理论学习（阅读、讨论、讲座）	非常积极	5—10%	5—10%
理论学习加展示（10次及以上）	非常积极	5—20%	5—10%
理论学习＋展示＋单元和课时计划	非常积极	80—90%	5—10%
以上所有，加同行辅导	非常积极	90%＋	90%＋

来源：乔伊斯和卡尔霍恩，2010。

一位专注的、概念为本的教师会发现，改进所有学生的学习是一个巨大挑战，他还会意识到，出色的教学实践需要教师们改变传统态度，用更好的协作方式提高教学技能。教师之间的相互孤立是实现进步最大的敌人。新的教学环境要求教师善于团队合作并成为同事的高效教员。如果你决定阅读本书，那么说明你想要提高自己的境界，希望成为一名熟练的、概念为本的教师，并且（或者是）想与那些走在概念为本的路上的同事一起研究这个主题。阅读和讨论本书以及本书作者的其他书籍将会帮助你实现这两个目标。协作备课的强大功能是有据可查的（海蒂，2009年），它能够使新知识的学习更加愉快。实践概念为本的教学，在本模式下辅导他人，并且被辅导，这些都会进一步促进你的进步。

三、描述高质量教学的共同术语

在我们详细讨论个人如何成长为概念为本的教师之前，先看看那些我们在讨论高质量教学中经常出现的术语。为了清晰起见，我们将这些术语分为三大类，虽然某些人认为有些术语因其属性可以转移到其他类别，但最重要的是，我们要弄清楚这些定义，这样我们就能在它们的含义上达成一致。此外，通过这些定义，我们尝试将这些熟悉的术语与概念为本的教学联系起来。本章后续内容在描述概念为本的理解、备课以及教学时，你会看到对这些概念的间接或直接的引用。

1. 满足所有学习者需要的课堂的特征

清晰的学习目标。清晰的学习目标确定了本课最重要的知识、理解和技能（学生能做什么）。学习目标是课堂教学中所有其他元素的关键（例如，提问、布置的任务或学生作品、教学技巧和相关评价）。在概念为本的课堂教学中，总体目标就是引导学生通过探究获得对重要的可迁移的学科观点（概括）的深层次理解。一条概括可能一节课就可以实现，也可能好几节课才能实现。课程目标还包括实施过程中必要的知识和技能。概念为本的课程单元确定了教师教学时会用到的理解、知识和技能。

具有适当挑战性的相关学习体验。在学生的学习体验（作品、作业、活动和任务等）方

> 学习目标是课堂教学中所有其他元素的关键。

面，教师需要为每位学生提供适当的挑战性，并利用那些在智力上能鼓励学生参与、情感上能激发学生热情的有趣的相关内容。人类天生就是聪明且好奇的，如果学习体验具备适当的挑战性，那么他们需要集中精神，付出努力。如果学习任务挑战性太强，太枯燥或者级别太低，那么学生马上就会失去兴趣和/或逃避任务。此外，各个学习体验之间应有逻辑性联系，这样学生不仅能"温故"，还能"知新"。如果学习任务能够联系学生的生活实际，那么学生就能真正地学会知识，并将其融会贯通。

学习的机会。概念为本的课程和教学是建立在这个观点上的，即为了达到概念性理解（概括），孩子们需要时间来掌握他们正在学习的内容、知识和技能。学生们需要时间练习新的技能，但是，如果这些技能的习得是在提供"意义建构"和新知识建构的情境之下完成，那么学习效果会更好。理想情况下，学生应在如上所述的丰富的学习体验中投入地学习，且这种学习体验应当占到平均课时的70%。如果课上大部分时间都是教师在讲而学生只是被动地坐着，那么他们的学习机会会显著减少。

> 为了达到概念性理解（概括），孩子们需要时间来掌握他们正在学习的内容、知识和技能。

差异化教学。不同的学生有不同的需要，教学过程中如何去接纳并解决这些多样化的需求是有效课堂的另一个关键属性。为了提供适当的差异化教学，教师必须对自己的学生有多方面的了解。市场上有很多关于如何差异化教学的资源，最著名的就是卡罗尔·安·汤姆林森的著作（汤姆林森&爱慕比，2010）。课程调整主要是针对三个方面：需要学生掌握的内容，学生用来获得内容的过程以及学生用来展示学习成果的创作。概念为本的课堂可以保证学生的学习不会被稀释，因为差异化教学需要调整对学生在内容、过程和作品等方面的支持，但是所有学生需要掌握的概念性理解保持不变。概念为本/观念中心的课程为有效实施差异化教学提供了肥沃的土壤。

评价方法与目标一致。学生评价是教学的重要同盟。如果没有证据显示一节课哪里是成功的，哪里是不成功的，教学对学生需要而言是不负责任的。评估方法必须与学习目标相一致，否则产生的数据既不能指导必要的教学调整，也不能准确反映学生的学习进步。

2. 教学策略/技巧

教学技巧是教师用来提升学生理解、知识和技能的有力工具。虽然教学技巧能引导学生思维，帮助其达到预定的学习目标，但是它们不应当成为课堂焦点或学生的关注点。教学技巧的种类多种多样，其中包括角色扮演、制图工具的使用、合作性小组以及读者剧场等。每一种技巧必须包括以下内容：

支持概念性思维的不同类型的问题。适当的问题组合可以帮助学生建构自己的理解。概念为本的课堂会利用三种问题（事实性的、概念性的和激发性的），引导学生思维朝向概念性理解目标发展。在学生们为质疑和争端寻求解决方案，发现规律和联系，将具体案例与概念性观念连接时，问题将提供必要的支持和动力。最终，学生们能够更好地记住并保持学习成果，因为他们不是被告知重要知识，而是主动地去建构知识。

及时而具体的反馈。与提问一样，反馈是一种教师为学生提供帮助的公认的有效方式，它可以帮助学生们不偏离轨道，扩展思维并促进自我反思和自我监控。像"太棒了"，"真棒"，"不，那不是正确的"这样的评语并不利于培养学生的独立学习能力。有效的反馈应当针对特定学习情形做出及时的回应。反馈还当是描述性的（而非评价性的），这样学生才能关注学习过程并能够充满激情。例如这样的评论，"你的文字拿捏得当，令我身临其境！当我读到你描述在奶奶家厨房过感恩节的片段时，我的脑海中瞬间浮现了这个场景！"

3. 课堂教学设计

广义的课堂教学设计有如下两种：

演绎式课堂教学设计。教师在教学开始时就告知学生学习目标。通过接下来的教学技巧和学习体验（任务、活动和作业），教师引导学习者从学习目标（知识、技能或理解）转到具体的实例上。

引导式课堂教学设计。教师给学生提供具体的例子，通过探究过程

（活动/学习体验、范例、非范例以及引导学生思考的问题），学生们开始对案例进行概括（迁移性观念）。换句话说，学生从具体实例出发，获得了更为抽象的迁移性观念和理解。概念为本的课程和教学利用引导式课程设计来引导学生获得概念性理解，但是在课程某些部分也可以适当设计一些演绎式结构（比如，在教事实性知识和技能的时候）。

正如你所看到的，有效的课堂教学并非从架子上可以拿下来的某样东西。有效课堂包含许多组成部分，而教学艺术创造了各个组成部分之间的自然流动。这就是为什么有抱负的老教师永远不停止学习。接下来，在培养概念为本教师的背景下，我们会更加深入地考察这些课堂特质。

四、培养概念为本的教师

培养概念为本的教师可以有多种方式。以下三个类别涵盖了教师专业成长的基本领域：

概念为本的教师发展涵盖多个领域：
- 理解概念为本的课程与教学
- 概念为本的教学备课
- 概念为本的教学

- 理解概念为本的课程与教学
- 概念为本的教学备课
- 概念为本的教学

在开启这趟旅途之前，教师不需要按顺序——掌握所有类别的技能。

理解概念为本的课程和教学。之前有关概念为本的课程书籍（埃里克森，2007，2008；兰宁，2013）通过一步一步的指南，深刻探讨了开发概念为本的课程单元所涉及的基本原理和过程。埃里克森的著作列举了许多学科（社会学、科学和数学）的概念为本的课程案例，而兰宁的著作提供了在过程驱动学科中开发概念为本的课程的步骤（2013年的著作重点放在英语语言艺术上，但是该模式同样适用于其他过程驱动的学科，例如世界语以及视觉和表演艺术）。本书的目的不在于提供另外一种课程设计资源，而是将过去著作的重点结合起来。第一章总结了概念为本的课程的基本原理，而其他章节提供了概念为本的课程单元的重点元素。

在教师们重新设计教学以更好地指向概念性理解之前，他们需要知道如何以及为何构建概念为本的课程。如果想着手概念为本的课程，却又奢望不进行专业培训就开始实施，问题很快就会出现。如果你立即修改教学内容，提高学生思维预期并引入附加的课程维度（概念性理解），而不关注即将授课的教师的技能和知识，那么授课最后会以挫折告终，而且无益于学生学习成果的改善。

因此，第一个关键领域是理解概念为本的课程和教学，其中列举了理解概念为本的课程所需的特征，以确保教学决策能够真正地与概念为本的教学和学习目标保持一致。

概念为本的教学备课。备课的重要性怎么夸大都不过分，当然，过分详细的教学计划会让教学任务过于艰巨。并且，如果某位教师走进教室，心里想着"我已经把教学计划熟记于心了"，那么这是不够的，而且专业上来看也是不负责任的。虽然教学计划并非万能的，但是在授课之前写下授课的关键要素能帮助整理思维，可以用作未来备课的参考、创建协作文档，还可以反映个人对于实现高质量教学的决心。概念为本的教学设计能够规划出实现概念性理解的具体路径。高质量教学具有多方面的特征，所以如果不好好规划，放任教学，就会导致付出很多却得不到预期结果的风险，这并不能怪学生！越多地思考教学计划，就越能够将其付之实施，也就越能够实现教学目标。

在撰写概念为本的教学计划时，各个组成要素之间必须相互关联。这意味着：

- 事实性内容和技能能够例证需要学生实现的概括（概念性理解）；
- 引导性问题帮助学生从事实性的知识（或实例）过渡到概括（概念层次上的理解）；
- 学习体验（学生作业）旨在支持学生学习例证其概念性理解的知识和/或过程；
- 评估应当针对确定的学习目标：该时段课程的知识、技能和理解。

在撰写概念为本的教学计划时，应该考虑很多东西。备课模板能帮助教师将各个要素结构化，并且令备课更易于管理。事实证明，与同事们一起备课是一个行之有效的方法。

概念为本的教学。概念为本的教学把教学计划转化为实际行动。概念为本的教学专注于帮助学生获得更深层次的概念性理解。课堂观察后的反馈和讨论，多样的学生评价数据点分析，以及自我反思可以完善概念为本的教学，但是专业化发展需要花更多的时间。本书作者强调，概念为本的教学不但要求教师主动思考，而且要求教师带动学生去主动思考。此外，杜尔福、埃克和许多学者（2006）重申了这一点，专业教育工作者共同体是一种非常有效的系统，通过共同体，大家可以合作备课，不断分析这些课程对学生学习的效果，这样不仅提高了教师的专业实践，也提高了学生的成绩。

接下来，让我们从以上三项专业技能培养的类别定义转到对每一项的详细阐述。首先，在图5.2这个量规中，我们详述了在理解和支持概念为本的教学和学习方面，教师们需要经历的学习阶段。这个工具旨在帮助教师和管理者通过特定的反馈监控学习进度，当然，也要认识到，理解的所有复杂、精妙之处是不可能由一个量规完全衡量的。

图5.3这个量规描述了高水平课时备课应该考虑的内容。我们都清楚地记得每个周末下午在一起为下周的课堂教学备课的时光。"概念为本的教学备课"的过程模板第一眼看上去可能有点吓人，但是只要加以实践和协作，许多特征都可以很轻松地融入备课模板中。其目的就是帮助教师在授课之前了解高质量教学的重要方面，并详加思考。虽然一节课成功与否的影响因素有很多，但是，不恰当或不用心的备课是授课失败的第一主因。

图5.4为音乐教学计划模板，图5.5为数学教学计划模板。这些都来自非常优秀的、概念为本的教师之手。要注意到他们对于每堂课是多么的深思熟虑，对于图5.3所列出的要素是怎样呈现的。

最后，图5.6对那些初学者、崭露头角者以及概念为本的专家教师的典型行为进行评价。当然，我们不可能把所有的教学复杂、精妙之处都

图 5.2 量规：培养概念为本的教师——理解概念为本的课程和教学

	初学	崭露头角	精通
为概念为本的教学和学习提供支持	• 列举一个或两个开展概念为本的教学和学习的原因。	• 明确说出开展概念为本的教学和学习的主要原因。	• 明确说出开展概念为本的课程和教学的各种原因，引述相关的支持研究。
概念为本的课程与教学的组成部分 • 概念（宏观—微观） • 概念性视角 • 协同思考 • 概括 • 与概括相一致的引导性问题 • 重要内容和关键技能 • 表现性评价 VS 活动	• 能够定义出三维的课程有别于二维模式的某些元素。 • 区别概念列表中的宏观和微观概念。 • 能够定义协同思考。 • 能解释用来培养学生协同思考的方法。	• 能够准确使用概念为本的术语，但是对于每个组成部分的基本原理还不是很清楚。 • 修订概念为本的课程和/或教学时，能够分辨三个组成部分。 • 解释宏观和微观概念之间的区别，指出为什么知道两者的差异很重要。 • 界定协同思考，并举出至少一个能够激发学生协同思考的例子。	• 准确使用术语和基本原理来解释概念为本的课程的不同组成部分。 • 修订二维课程和/或教学时，提出能够将课程或教学转移到三维课程的建议。 • 通过解释如何在概念为本的课程和教学中准确地利用宏观概念和微观概念，体现对二者的理解。 • 能够解释协同思考的价值，并举出一个以上有关激发学生协同思考的例子。

	初学	崭露头角	精通
致力于持续学习	· 参与概念为本的教学展示；尝试将二维课堂教学转化为三维课堂教学。	· 参加有关概念为本的课程和教学的专业化发展展示并付诸实践。 · 接受正式和非正式的辅导和教学支持。 · 独立阅读关于概念为本的课程和教学的文本。	· 积极地支持概念为本的课程和教学，积极参加演示或与其他人不断地进行交流和合作书写学习小组，随后能够与其他人不断地进行交流和合作（例如教练和指导）。 · 通过分享学习和开展专业化培训，展现出在深化理解方面持续的努力。 · 持续反思并改善实践。

来源：洛伊斯·A·兰宁，2014

图5.3 量规：培养概念为本的教师——概念为本的教学备课

教学计划的组成部分	初学	崭露头角	精通
课时开启 清晰而又有激发性的描述能够促进学生进入协同思考。	· 课时开启时需要描述学生在课堂上将体验到的活动，可以包括教学所指向的概念。	· 课时开启包含概念性视角，但是与内容连接较弱，难以激发协同思考。	· 课时开启时让学生通过概念性问题或者概念性视角思考要掌握的知识与技能，进而激发他们的协同思考。

教学计划的组成部分	初学	崭露头角	精通
学习目标 学生们需要知道的（事实性知识），理解的（概括）和能够做的（技能）。	• 教学计划中列出学生们必须知道的和/或能够做的。	• 目标确定了学生们必须知道（概括）和能做（技能）的，理解的，但是除了课堂时间能够深入理解的内容，可能还包含更多的学习目标。	• 学习目标代表了学生们需要知道的，理解的和能够做的内容；有限的学习目标能够帮助实现深入的、有焦点的教和学。
引导性问题 三种不同类型的问题（事实性、概念性、激发性）能够作为概念思维和问题解决之间的桥梁。	• 教学计划中的问题往往聚焦于事实性知识和常规技能。	• 课堂问题包含不同的类型（事实性、概念性以及可能激发性的问题），并预测到学生的错误理解。	• 潜在问题可以是不同类型的问题（事实性、概念性，并列在计划中。 • 教学计划体现出教师精心设计问题来帮助学生从事实性知识过渡到概念性理解上。
学习体验 具有智力激发力的学生的作业，给学生提供机会练习他们的所学，并达成概括（概念性理解）。	• 教学计划指出了目标知识和技能，但是学习体验没有要求学生们在相关情境下运用知识，即引导学生们表现得概念性理解并超越学习情境进行迁移。	• 学生作业可能是试图追求概念性理解，但是，在实现概念（概括）的过程中，没有为学生们提供足够的实例或支持。 • 教学计划体现出教师试图通过设计学生作业来吸引学生的兴趣为学生提供某些选择。	• 学生作业要求学生对相关背景下所学的知识、技能和概念进行认知性的研究和总结，引导学生进行概括。 • 学生作业具备适当的难度，在情感上和智力上都比较吸引人，有意义，而且目联系到学科内容上，同时给学生提供了适当的选择。

教学计划的组成部分	初学	崭露头角	精通
评价方法 选择评价的类型的时候，要依据课程的学习目标（知道、理解和做），同时，为了捕捉到反过来可以指导教学的证据（过程和成果），还要参考评价的目标（形成性和总结性）。	• 课堂要求学生完成的任务包含工作表、相互脱节的技能，以及既不真实也没有智力或情感激发性的事实。 • 评价类型很有限，所以很难知道学生们概念性理解上的学习进度。	• 在智力和情感上，作业都比较吸引人，但是难度太大或者太小，难以满足所有学生的需求。 • 评价类型多样化，有助于监测学生们学习知识和技能方面的情况。 • 对理解的评价与目标概括之间的一致性并不清晰。	• 学习体验经过有意识的设计，能够促进知识跨越学科和情境进行迁移。 • 评价类型多样化，这样可以评价学生们在知识、技能、理解（概括）等方面的发展情况，并作出及时的反馈。 • 评价提供学生在学习过程和学习成果等方面的相关信息。 • 重视学生的自我评价。
差异化教学 针对三个方面：需要学生掌握的内容、学生用来表现内容的过程以及…	• 可能有一些差异化教学的方案，但是没有联系到个别同学的学习需要。	• 差异化教学计划考虑到了学生在内容、过程、作品等方面需要的支持（例如，特殊教育、英语语言学习者）。	• 差异化教学的计划满足所有学习者的需求，包含并支持所有学生达到一般的概念性理解（概括）。

教学计划的组成部分	初学	崭露头角	精通
学生用来展示学习成果的作品，按照需求来规划并调整（概括）对所有学生的要求是一致的。		• 某些学生的误解经常是在全班范围内解决处理。	• 在对能够解释个体学生学习需要的多种数据点进行分析的基础上开展差异化教学。 • 按照预期的学生的误解和需求，提供具体指导的调整。
教学设计 在演绎式设计中，教师在教学开始时就告知学生学习目标（包括概括）。在引导式设计中，学生们需要通过探究过程来建构知识。	• 教学设计为演绎式（例如，目标到实例而不是实例到目标）。	• 教学设计尝试利用引导式教学，但是给出的实例只是模糊地勾勒出目标概念性理解。 • 具有演绎基础设计的事实和技能。	• 教学设计大体上是引导式的，要求学生参加多方面的探究过程，并反思实例之间的联系，这样学生可以提出并捍卫自己的总结概括。 • 演绎式设计还可以用来支持基础事实和技能的学习。
结束 规划一种可以集体回顾学习结果的方法。			

来源：洛伊斯·A·兰宁，2014

囊括在一个量规里面，但是，这些描述可以引发教师对完整实施课程的重要领域的新思考。

图5.4　弗朗辛·埃文斯所设计的概念为本的音乐教学计划

概念为本的备课

单元标题：传统民间音乐创作：音乐听想　　　教师：弗朗辛·埃文斯
科目：普通音乐　　　　　　　　　　　　　　年级：5年级
课时编号：3　　　　　　　　　　　　　　　 课程时限：30分钟
F=事实性，C=概念性，P=哲学性

课时开启（上课伊始与学生们进行交流）：
　　今天我们接着上次的课程继续开展音乐听想。今天大家一定要保持头脑清醒！为什么呢？因为你们需要仔细听你的合作伙伴演唱和演奏出来的音乐节奏，然后你们要照原样唱出来并演奏相同的节奏。小组合作结束之后，我希望你们能够回答这个问题："为什么作曲家通过节奏和旋律模式来组织声音？"

学习目标：学生们即将能够理解（概括）、知道并能够做到的（技能）
　　A. 概括（学生们需要理解……）注意：可以将概括运用到一节课或多节课中
1. 聆听节奏和旋律模式建立起一种创作模型。

引导性问题
1a. 你听到的旋律或节奏是什么样的？（F）
1b. 不同音高之间的音程距离和方向是什么样的？（跳进、音级；高、低）（F）
1c. 在聆听一段旋律模式的时候，你在找到并演唱或演奏出音高之前，脑中是怎么想的？（C）
1d. 是否所有的音乐作品都是按照模式来组织的？（P）
2. 对音乐元素的个人诠释走在即兴创作和作曲的前面。

引导性问题
2a. 五声音高的mi-re-doh在五线谱上什么位置？（F）
2b. 如何重组音高以形成新的旋律结构？（C）
2c. 为什么个人对音乐元素的诠释很重要？（C）
2d. 是不是所有的即兴演绎都是可接受的？（P）

B. 关键内容（知道）

理解音乐
- 音乐元素（音高和节奏）
- 音乐词汇（mi-re-doh、高音、低音、音级、跳进、四分音符、四分休止符、八分音符和二分音符节奏）

回应音乐
- 音程间距离关系
- 带有动觉和触觉反应的旋律概念之间的关系
- 旋律概念和口头反应之间的关系

C. 关键技能（能够做到的）
1. 聆听节奏和旋律模式并通过演唱、手势表现和乐器演奏来确定它们。
2. 聆听并写下旋律和节奏的模式。

教学策略／技巧	差异化教学
学生们充当各自的合作伙伴。一个学生用"loo"音节来即兴演唱 doh-re-mi 型，另一个学生聆听并照原样唱出这个 doh-re-mi 型，可以带有相应的唱名并用手势表现出来。学生们互换角色。	学生们两两配对，歌唱经验比较多的学生搭配经验少的学生。
学生们两个一组，在奥尔夫乐器上即兴演奏 mi-re-doh 型。一个学生演奏，另一个学生不看乐器然后写下听到的内容。学生们互换角色。	学生们相互讨论各自听到的旋律。如果哪位学生要求再听一遍，可以提出来。

材料／来源：奥尔夫、柯达伊和达克罗兹训练；威灵 21 学区前后旋律听写评估

EU #1 评估：让学生用一句话回答下列问题：
"为什么作曲家通过节奏和旋律模式来组织声音？"

结束：让学生们和各自合作伙伴一起思考下列问题：
在对合作伙伴演唱音高时，你脑中需要思考什么？
在向合作伙演奏所选音高时，你脑中需要思考什么？
听完合作伙伴的演奏之后，你怎么知道写下哪些音高的？

图 5.5　卡梅拉·费尔撰写的概念为本的数学教学计划

概念为本的教学计划

单元标题：　　　　　　　　　　教师：
课时标题：圆
科目：数学　　　　　　　　　　年级：7 年级
课时编号：　　　　　　　　　　课时时限：1 到 2 节课
学习目标：概括（或基本理解）学生们要理解……圆的直径有助于确定周长。

引导性问题
- 什么是直径？（F）
- 什么是周长？（F）
- 圆的直径和周长之间的关系是什么？（C）
- 实际生活中你觉得周长是什么概念？（P）
- 实际生活中你觉得直径是什么概念？（P）
- 在工作场所或家里，你能举出周长或直径的实例吗？（C）
- 求圆的周长和求多边形的周长有什么相似之处？（C）

关键内容（知道）
- 求圆周长的公式。
- 直径和半径之间的区别。
- 求周长时如何使用 π。
- 相同问题不同的表现形式。

关键技能（能够做到的）
- 分析比例关系来解决问题。
- 测量不同大小圆的直径和周长。
- 用图形表示不同大小圆的直径和周长。
- 按照图形创建一个数据表。
- 对这个数据表做出预测。
- 用 π 来求圆的周长。

学习体验	差异化教学
第一部分：画出直径和周长 复习如何在坐标系中画一个图形。在这个过程中，学生以小组为单位，只需要画出象限 I，同时，将横轴标出作为直径，将纵轴作为周长。	为学生提供一个网格，其中只包含了第一象限。学生还是需要将横轴作为直径，将竖轴作为圆周长。

学习体验	差异化教学
对于每种容器，学生小组需要将圆直径的一端放在坐标原点上，沿横轴放置另一端，并且沿横轴标出圆的位置。	如有需要，让学生观看视频，了解每一步是怎么做的。还有一种选择是给学生看每一步操作的图片。
第二部分：建一个表格，将每个容器的直径和周长一一有序对应。 学生需要用图形来记录讲义上不同容器的直径和圆周。 学生需要填写讲义的其他部分。	准备好的图形实例要与小组制作的图形相似。使用两种不同颜色的荧光笔标出图形的关键部分。 • 用一种颜色来强调直径 • 用一种颜色来强调周长 学生将强调的数字转为讲义图形中相应的位置。每组数据用相应的颜色标出。
第三部分：你在思考什么？ 在小组内，讨论你在图形中看到的规律。这些规律能够告诉我们关于这些容器的什么信息？ **回答讲义上的小组问题。** 所有小组任务结束之后，全班讨论比例之间的对比关系，表现出了这些圆的什么问题，以及在图上显示出的关系。	
投纸游戏 让学生们独立思考圆形的直径和周长在生活中有哪些用处，并让他们将思考的答案写在一张纸上。在限定时间写完之后，让他们在教室内围成一个圆圈，然后把自己的答案纸揉成纸团，根据口令信号将自己的纸团投掷在班级圆圈内。学生们捡起一个纸团，然后继续扔到圈内，直到听到停止口令为止。学生们停止时，他们手里需要有一张纸，或者从附近捡一张纸，然后回到座位。让学生们分享纸上的答案。如有需要，给学生们展示图像或其他实例。	让学生上网研究，寻找生活中周长和直径的实例。学生可以记录在刊物上找到的实例。如果可以，学生可以添加自己的想法。

> **评估**：本节课还包含了形成性评价策略。
>
> **教师注意事项 / 教学策略：**
>
>
> **材料 / 来源**
> 尺子
> 图形 / 记录纸
> 各种不同尺寸的圆形容器（每组四种不同尺寸的容器）
> ● 汤罐头
> ● 苏打水罐头
> ● 薯片桶
> ● 药瓶
> 马克笔（多种颜色）
>
> **标准相关性（可选备课内容）**
> 　　CCSS. 数学 . 内容 .7.RP.A.2c　用方程表示比例关系。例如，如果总费用 t 与商品数量 n 成比例，且该商品价格是恒定的，用 p 表示，那么总价格和购买商品数量之间的关系可以表示为 $t = pn$。
> 　　CCSS. 数学 . 内容 .7.G.B.4　掌握圆面积和周长的公式，并利用公式来解决问题；非正式推导圆周长和面积之间的关系。

来源：北卡罗来纳州，费耶特维尔市，卡梅拉·费尔。

五、在教师评估计划中概念为本的教师培养量规是否有一席之地

　　与我们交谈的读者经常会问到这个问题。在整个美国，许多学校系统在修改各自的教师评估计划时，开始采用有助于描述跨范围多领域改进教学的工具。某些州和地区在改进自己的教学督导方式时，会经常引用和采用夏洛特·丹尼尔森的书，例如，《加强专业实践：一个教学框架》（Enhancing Professional：A Framework for Teaching，1996）。 丹尼

尔森的著作受到了推崇，但是如果某个地区或学校致力于实施概念为本的课程，评估所使用的语言应当尽量与概念为本教学法的要求保持一致，否则，教师们和管理者们会感到混乱。

图 5.2、5.3 和 5.6 中"培养概念为本的教师"量规稍作语言调整便可以很容易地与丹尼尔森的描述相结合。例如，图 5.7，其中截取了丹尼尔森框架的一个类别——"提问"，它属于第三领域的一部分。

对比图 5.7 的语言和"培养概念为本的教师"量规中关于提问的语言，虽然整篇文档有相似之处，但后者提供了更为准确的措辞。

> 在培养概念为本的教师时，量规将为教师高质量实施概念为本的课程提供保证。

这里的总结类似于本章前面所论及的学区要求的高水平教学中所涉及的共同术语和描述性反馈的重要性的阐述。在培养概念为本的教师时，量规将为教师高质量实施概念为本的课程提供保证。

对于致力于概念为本的课程和教学的教育系统，将专业实践要求梳理清楚，并使这些要求与教师评估计划相一致是非常重要的。为了实现这一点，学校需要调整丹尼尔森框架的某些部分，并加入类似的部分，或设计一份系统的教师评估计划。琳达·达林－哈蒙德、奥黛丽·爱姆雷－比尔兹利、爱德华·哈特尔和杰西·罗斯坦（2012）最近写了一篇题为《评估教师评价》的文章，并开门见山地写道："从业者、研究者和政策制定者认为，目前大多数的教师评价制度无法帮助教师改善或支持教师决策。"（第 1 页）让高质量教学描述与学区课程要求保持一致仅仅是评价系统的一个方面，同时，还需要进一步提升该评价系统，从而帮助教师更好地理解如何设计和教授他们需要教授的课程，并为管理者及同事提供相应的、相关的和具体的反馈。

图 5.6 量规：培养概念为本的教师——概念为本的教学

	初学	崭露头角	精通
课时开启	• 上课时直接开展活动，没有给学生提供明确的指示。 • 一上课就列出或叙述课程的目标概括，而不是让学生们对自己总结。 • 课时开启的内容非常准确，但是非常乏味，更像是教师自说自话。	• 课时开启时设置了引导式教学阶段，需要学生们得出概念性理解（例如列出实例、提出问题、分享有趣的场景和相关的概念），但是课时开启阶段过分注重细节，而且时间太长。	• 课时开启明确地给学生提供了引人入胜的课程概述，与学生之前的学习建立联系并实现拓展。 • 课程能够立即吸引学生的思维和兴趣。
过程之中 教学反映出示范、辅助以及融合了概念性理解。	• 课程遵循了书面的教案，但是由于教案没有包含有效的概念为本教学所需的全部元素，所以教学存在诸多不足。 • 课程中具有明显的概念，但是对于如何利用概念以及深化学生的参与性以及智力的理解上还缺少关注。 • 把教学的焦点更多放在任务完成上，而对学习迁移关注较少。 • 教学用不同类型的问题作为主要手段来促进学生的知识迁移，但是主要还是依赖于事实性问题。	• 精确地按照概念为本的教案要求撰写教案。 • 使用能够引起学生兴趣和关注的实例与资源来实现更深次的参与，但是布置的作业不能明确地引导学生进行协同思考（将实例联系到相关的概念上）。 • 教学对学生闪现出的高质量思维瞬间在某种程度上来说是敏捷的，但是用来促进并引导学生实现迁移的策略还是很有限的。	• 教案的实施有序进行，同时灵活地满足了学生们出现的需求。 • 教师通过实例以及激发学生技巧的实例活动与资源等一系列方法，有意识地、持续地培养学生协同思考的能力。 • 教师利用多样化的技巧来支持学习迁移和理解的深化。（如提问，要求学生举出相同概念或概括其他的实例，反馈，让学生用支持性的证据来分析自己的推理）

	初学	崭露头角	精通
	- 教学主要还是教师为中心的。 - 学生的参与主要是为了回答教师的问题和评估。	- 教师渐渐地将学习责任转移给了学生，但是教师还是承担了大部分认知性的工作。 - 大多数学生参与了学习，但是一小部分学生没能完成任务或兴趣索然，因为难度不适合他们或缺乏相关性。	- 逐渐将学习的责任和主动权交给学生的过程很明确。 - 持续监督学生相互协作的小组任务，用及时准确的反馈和问题来促进和调整学生的学习过程。
授课结束	- 教师对课堂的学习体验进行扼要重述。	- 对学生学习的知识和技能进行结课评价（形成性或总结性），尝试确定学生概念性理解的水平。 - 布置课堂内容之外的相关练习。	- 收集关于目标知识、技能和理解的学习证据（形成性或总结性）。 - 教师和学生一起反思并分析本节课的成功之处（过程和作品）。 - 学生知道了本节课对于未来学习目标的意义何在。

来源：洛伊斯·A·兰宁, 2014

图 5.7　摘录自第三领域的：教学

组成部分 3b：利用问题和讨论技巧				
表现水平				
要素	不令人满意	达到基本要求	熟练	优秀
问题质量	教师提问的质量基本上都比较差。	教师的提问既有高质量的，也有质量不佳的。只有部分学生有机会回答。	大多数提问都是质量较高的。学生们有足够时间回答。	教师提问水准非常高，学生们有足够时间回答。学生提出了很多问题。

来源：丹尼尔森（1996）。

六、问题讨论

1. 本章中包含的量规如何帮助教师提高他们对概念为本的课程与教学的理解和实践能力？
2. 概念为本的协作备课可以给大家带来哪些方面的好处？
3. 为什么高质量教学的研究走进课堂实践非常困难？

七、总结

教师不可能一夜之间就成为概念为本的教师。教学是一种艺术，也是一种科学，需要个人不断为之奋斗。研究的进步给我们提供了有关教育如何有效解决所有学习者需求的新知识，我们需要对教学实践进行调整。概念为本的课程与教学反映了我们已知的最好教学和学习方式（布兰斯福德、布朗以及科金，1999）。值得注意的是，能够使学生成功的一个最显著指标就是拥有一位好教师，我们相信，概念为本教师本身就是卓越的代表！显然，掌握概念为本的课程与教学的原理和技能，并能够将其有效实施的教师会培养出能够在将来复杂多变的世界中茁壮成长的学生。熟练的、概念为本的教学是一种后天习得的能力。与那些致力于概念为本的教学和学习的同事开展密切合作是令人兴奋的。建立合作伙伴关系或团队，支持个人的进步，从而成长为概念为本的教师，这是一件非常激动人心、令人振奋的事情，也是一条通往优秀教学的途径。

总的来说，量规可以用来作为自我评价和同事观察的一种资源，主要目的是让教师使用其中具体的描述来不断推进概念为本的理解、备课和教学。

第六章　培养概念为本的学生

这本书的前言部分提出了这样一个问题："如何发现主动思考的学生？"答案是："你可以从他们的眼神中看出来。"但是，主动思考到底意味着什么？恐怕这早已超出我们的所见，深入到我们所深深感受到的他们学习的热情。观其学习与作品，听其争辩与讨论，你便能洞察这种"主动思考。"本章进一步探讨了主动思考的内涵，以及概念为本的课程与教学如何支持这种思考。

一、关于思考

20世纪80年代，思考技能得到了广泛的研究和讨论。马修·李普曼（1988）区分了批判性思考和普通思考。他解释说，普通思考是简单的思考，因为它不依赖于标准或准则的使用。普通思考的例子有猜测和假设，以及没根据地就认定某件事情。李普曼认为批判性思考是一种更为复杂的过程。他认为，"批判性思考是一种熟练的、负责任的思考，并有利于实现良好的判断力，因为批判性思考（1）依赖于标准，（2）自我修正，（3）对情境敏感"。（第39页；原著中作了突出强调）

换句话说，批判性思考者能够使用相关证据、准则和明确的标准，找出理由来支持自己的观点。在世界上任何地方，批判性思考都是概念为本的课堂所要求的思考类型。它也是美国《共同核心课程标准》和《21

世纪技能合作伙伴》所希望实现的目标。

二、批判性思考和概念为本的教与学的关系

在概念为本的课堂中，学生们会调查相关的问题和主题，而教师会采用不同层次的提问和引导式教学来培养他们批判性思考的能力。斯滕伯格（1990）、恩尼斯（1989）和李普曼（1988）并不认为批判性思考技能是固定不变的。相反，他们认为这是一种可以言传身教的智慧形式。贝哈尔·霍伦斯坦和钮（2011）写道，

斯滕伯格（1990）没有具体说明"如何"教授和学习批判性思考技能。但是，他为那些鼓励批判性思考的项目/课程的开发或选择提供了一般准则。他建议教师着重加强学生在元构成、表现构成和知识获取策略方面的智力功能。元构成是指需要规划、监测和评估个体行动的高阶心理过程。表现构成是指学生实际采取的步骤或使用的策略，而知识获取策略是指学生温故知新并运用新材料的方式。（第 27 页）

> 詹姆斯·E·祖尔（2002）建议，如果想要学生记住概念，那么我们必须让他们用自己的话来描述这些概念，可以是口头的，也可以是书面的。概念为本的课程与教学的原则与祖尔的建议具有一致性。

詹姆斯·E·祖尔（2002）进一步建议，如果想要学生记住概念，那么我们必须让他们用自己的话来描述这些概念，可以是口头的，也可以是书面的。学生们在说话之前需要时间来思考和处理，这样他们可以用自己的语言来建构出更好的想法。学生在组织想法并将其可视化的过程中，让学生有机会讨论问题、思考问题，并与他人沟通问题以帮助他们实现这一过程。祖尔博士的书解释了大脑是如何工作的，同时，基于这个生物学的研究，他为概念为本的课程与教学高度关联的课程实践提供了很好的建议。

三、发展批判性思考

在最近一项有关批判性思考的研究中，艾米莉·R·丽（2011）引用了有关发展批判性思考的研究。"肯尼迪等人（1991）纵览了研究文献并得出该结论：虽然批判性思考能力似乎会随着年龄的增长而提高，但即使是小孩子都可以从批判性思考的教学中受益"。（第23页）

理查德·保罗和琳达·埃尔德（2002）向读者这样解释：人类的进步需要经过不同的思考阶段。教育工作者在帮助学生们经历这些阶段方面发挥着关键性的作用，这样学生们在应付这个复杂世界时可以做好更充分的准备。概念为本的课程设计与 K-12 教育中如何最好地发展学生的批判性思考的研究具有清晰的一致性。

首先，概念为本的课程和教学为学生讨论自己的思维过程提供了概念性词汇。学生需要一种语言来沟通他们的想法，也需要凭借这种语言来理解自己听到的内容，揣测他人的想法。概念为本的教师要求学生通过概念性视角（协同思考）解释事实性或情境性例子和表现之间的关系，这样学生们的思考对教师、对学生都能变得可见。为确保学生有足够的时间来深加工自己的想法，概念为本的课程设计倡导教师精选研究内容，减少信息量。概念为本的单元不是一种臃肿的课程，而是围绕 5 到 8 个重大的可迁移性观点来压缩授课内容，这些观点需要学生花时间来建构。

> 概念为本的课程和教学为学生讨论自己的思维过程提供了概念性词汇。

此外，如果总是教师在授课，告诉学生们如何思考，再帮他们解决问题，那么这样的环境是无法培养批判性思考的。概念为本的学习体验利用提问的方式（适当地加上明确指令）要求学生们不断地探索那些结构模糊的或故意被设计成开放式的问题。这样的环境可以让学生回忆有用的知识，利用模式识别，辨别相关信息，做出超前思考，预测结果并最终掌握知识。这种备课需要主动思考的教师，也能培养主动思考的学生。

最后，概念为本的课程要求并且促进学生和教师具有批判性思考技能，因为批判性思考是融合在概念性理解里面的。有些项目或课程声称旨在促进概念性理解,甚至可能要求学生将各个研究主题或过程得出的概念做出关联。然而,这样的做法并没有达到我们对于概念为本课程的期望。学生必须超越关联概念所需的思维水平,最终达到掌握并延伸概括所必需的批判性思考。

> 概念为本的课程与教学要求学生必须超越关联概念所需的思维水平,最终达到掌握并延伸概括所必需的批判性思考。

四、培养概念为本的学生

第一章讲述了学生如何从教师利用概念为本教学法设计的学习体验中受益。在此进行快速回顾,内容如下……

- 在学生构建个人意义和理解时,他们会交互地,反复地运用事实性的知识和技能,并记住相关的概念。这种协同思考过程开发了学生智力并激发了学生的学习热情。应当重视每个孩子的主动思考。
- 孩子们在对有趣的问题提出疑问,进行讨论和探索并最终得出结论或解决方案的过程中,合作性工作小组帮助孩子们参与到社会意义的建构中。
- 让学生透过事实或日常技能去学会思考,让他们跨越时间,跨越文化和情境去迁移概念和知识,拓展他们的世界观,有助于学生看清各种模式以及新旧知识之间的联系,为他们的终身学习提供支持性的大脑图式。

第五章详述了教师如何开发促进批判性思考的概念为本的教学。现在,我们需要仔细分析一位有幸得到概念为本的教师指导的学生是如何成为深层次概念思考者的。你会看到概念思维是如何囊括批判性、创造性和反思性(元认知)思考的。

> 成为概念为本的学生的发展历程包含三个方面:
> - 工作热忱
> - 协同思考
> - 深度理解

图6.1描述了概念为本的学生在成为一名更好的概念思考者的过程中需要具备的一些主要特征。这些描述旨在帮助教师考虑那些能够支持学生学习知识并监督学生发展轨迹的教学

图 6.1 培养概念为本的学生

属性	初学	崭露头角	优异
学习热忱	• 将作业视作不得不完成的任务而不是自己成为任务的主人。 • 将任务视作相互孤立、毫无联系的事情。 • 会变得不耐烦而且容易受挫。 • 停留在作业的框架内。	• 看到学习与所布置作业之间的关联性。 • 任务完成过程中专注于布置作业目能够自我调节。 • 愿意接受力所能及的挑战。 • 接受小组的责任。 • 积极参与小组协作。 • 为作业引入新的方向或方法。	• 独立尝试拓展所布置的任务。 • 对挑战性作业表现出热情和兴趣。 • 在长期和更复杂的作业中显示出了自律和坚持。 • 重视并通过寻求合作来完成任务。 • 对学习过程感兴趣，也希望创造出高质量的成果。
协同思考	• 当提出想法或方案的时候，能够认识到各个想法和解决方案之间的联系。 • 无法将概念和呈现的实例对应起来。 • 做出的概括过于简单。	• 将信息综合为一个连贯的概括。 • 用至少两个精准实例支持来支持概括上。 • 将事实性实例联系到所提出的概念上。	• 将实例和想法提升到更高层次的概括上。 • 明确表达概括，并用多个实例来提供支持。 • 独立地提供了概念的实例和非实例。 • 独立地提供了概括上。 • 思考过程体现了概念、实例与作品之间的独特而又有创造性的联系。
深度理解	• 在试图解释学习目标、思考和/或概括时需要得到支持。 • 能提出具有相关性的问题，但大部分停留在事实性水平。	• 能清晰解释个人立场，并认可他人观点。 • 创作出有思想性的、细节完善的作品。 • 提出相关问题。 • 将概括前学习融入到当前情境。 • 用概括性的语言来解释概念。 • 识别非实例。	• 系统地、有条不紊地解释相关证据支持的理解。 • 创造出新颖的作品。 • 通过扩展思路，使用作品指南进行实践，运用不同的学习方式来评价相关实例和创造新知识。 • 展现出能够复杂跨越优选和实例进行概念性迁移的能力。 • 自信并准确地使用概念性语言。 • 独立地提供使用概念性的实例和非实例。

来源：洛伊斯·A·兰宁，2014

方法和学生作业类型。虽然该量规只是宏观考察了学生的进步过程而并非包罗万象，但是它的确让我们有机会展开讨论，有机会更深入地研究概念思考者的关键属性，并为学生提供更有针对性的反馈。

该量规包含三个方面：

- 学习热忱
- 协同思考
- 深度理解

五、为什么是这些方面

首先，我们量规中的类别并非学生必须要学习的相互分散的学科内容要求。美国大多数州采纳的《共同核心课程标准》强调学生高中之后应保持创造性生活，此事重要而且紧迫。世界各国的课程中也都明示或暗示了这一点。美国《共同核心课程标准·数学和英语语言艺术》以大学入学和就业为目标，详述了每个年级学生必须掌握的标准。

这些标准定义了学生在K-12学习生涯中必须掌握的知识和技能，确保他们高中毕业之后在大学里能够掌握入门知识，获取学分，在工作中能够适应劳动力培训计划。这些标准：

- 与大学和工作要求一致；
- 清晰、易于理解、具有一贯性；
- 包括严格的内容和高阶技能的知识应用；
- 建立在当前国家标准的优点和经验教训之上；
- 借鉴其他实践良好的国家的情况，以使学生能够胜任全球经济和社会生活；
- 有据可依。

培养概念为本的学生，并非简单重复《共同核心课程标准》或其他国家标准要求所规定的，高中毕业时学生必须掌握、理解以及能够做到的技能，相反，这个量规旨在界定概念为本的课程与教学模式下所培养出来的有思考力的学生所应具备的三个关键特征。这些量规在宏观上反映了能够体现概念思维的特征，依照我们作为教育工作者多年的教学经验判断，这些特征能够支持学生获得持久性成功和继续学习的能力。让我们简要地对量规的每一项进行讨论。

学习热忱 约瑟夫·任朱利和萨里·瑞思（1997）是资优教育（gifted education）领域的著名人士。通过广泛的研究，他们发现了一些资优行为（gifted behaviors）的关键因素，他们倡导学校应当促进所有儿童的资优行为。培养优才（giftedness）的一个关键要素就是学习热忱。学习热忱就是将动机转化为行为。参与度、毅力、耐力和勤奋都是学习热忱的组成要素，对于特定学科，学生应该具有自信心、自我效能感、洞察力和特有的兴趣。任朱利和瑞思认为，如果没有学习热忱，那么根本不可能获得很高的成就。在很多需要艰苦努力的生活状况下，学习热忱是非常重要的，如果我们能帮助学生获得学习热忱，那么几乎可以肯定他们会完成学习目标！概念为本的教师通过设计情感上和智力上具有相关性和激发性的课程，能够直接培养学生的学习热忱。

协同思考 到了本书的这部分内容，你一定已经熟悉了协同思考这个术语。这是一种事实层次和概念层次心理过程之间的互动式心智处理过程（埃里克森，2008）。协同思考促进学生发挥个人才智（概念性思维），这也增加了学生的学习动力。协同思考是培养概念为本的学生的量规中的一项，也是概念为本的教学的核心和灵魂。学生通过概念性视角思考技能和事实性知识，并从技能和事实性实例中得出概括性陈述（可迁移的概念性理解），在这个过程中，他们就实现了协同思考。在本章开头，我们就引用了马修·李普曼（1988）的观点：协同思考远远超出了"普通思考"的藩篱。协同思考需要个人退后一步用更为批判性的、更为宽泛的视角去观察问题，深思熟虑地达到有论据支持的概念性理解或概括。想象一下，如果大家都能用这样的方式去审视各种新闻故事和复杂的世界形势，那会是怎样的世界！

深度理解 这是培养概念为本的学生的量规的第三个方面。它非常简单，是学习热忱和协同思考的终极目标。如果能够精简事实内容和诸多离散的技能，那么学生们会有更多的时间来发展自己的概念性思维，深入探究需要掌握关键技能并应用和实践事实性知识的、有趣且引人入胜的任务和问题。深度理解防止学生仅仅停留在当下的想法和态度上面，这样就能将过去的理解和复杂的问题结合起来。在当今被简短信息和复杂媒体宣传控制的世界中，这似乎成为了一个日益严重的问题。专业技能需要深度理解。此外，深刻的理解是学习迁移的最大目标和最终目标，并为概念为本的教学及其成功带来更大的潜力和帮助。

这三个方面抓住了学生成为概念为本的学生的发展过程的本质。鉴于我们所知的学生取得校内校外成功所需的思维习惯，鉴于学习理论所给我们的启示，课程与教学在以上量规的三个分类的培养上，都肩负重大责任。而概念为本的教与学能够满足这种问责要求。

六、问题讨论

1. 在你现在使用的课程中，批判性思考和普通思考（按照本章李普曼之定义）在多大程度上得到体现？

2. 你如何看待培养概念为本的学生的量规定义的三方面？

3. 回顾完概念为本的教学设计（第五章）的组成部分之后，讨论概念为本的教学支持批判性思考的方式。

4. 20世纪80年代，导致大家对思考技能的关注减退的因素有哪些？为什么培养学生批判性思维的需要又重新浮出水面？

七、总结

本章重点讲述了批判性思考作为概念性理解有机组成部分的理由。如果我们希望所有学生都成为批判性思考者，那么我们必须为他们提供充满思考氛围、富于智力激发性的课程与教学。概念为本的课程与教学代表了这种类型的教与学。

最后，本章描绘了概念为本的学生是什么样的。培养概念为本的学生的量规描绘了不断发展的概念思维，围绕三个要求智力参与的、跨情境可迁移的基本方面进行组织：学习热忱、协同思考以及深度理解，并分别阐述了每个方面的原理。如果我们设计概念为本的课程时优先考虑这些特质，那么我们就能更好地服务于学生。

> 如果我们希望所有学生都成为批判性思考者，那么我们必须为他们提供充满思考氛围、富于智力激发性的课程与教学。

第七章 关于概念为本的教学设计，教师需要理解什么

一、概念为本的课程与教学的"是什么"和"为什么"

概念为本的课程要求教师能够通晓它的定义特征，知道它与传统课程模式的区别，以及为什么应该发生这种转变。

当人们第一次听到"概念为本的课程"时，肯定会想到以下问题，那么我们就来简要回答这些问题：

1. 什么是概念为本的课程？

概念为本的课程是一种三维课程设计模式，它架构了学科领域的事实和技能内容，并带有学科性的概念和概括。概念为本的课程与传统的以主题和技能为本的二维课程设计模式非常不同。

2. 二维和三维课程模式之间有什么区别？

- 二维模式注重事实和技能。
- 三维模式注重概念、事实、技能以获得对学科内容的概念性理解。

3. 我们为什么应当使用概念为本的课程设计模式？

- 它能够开发大脑的结构（大脑图式），使大脑将收到的信息进行整

理、组织、模式化，以及在概念层面上将知识与技能进行迁移。
- 当学生们将事实、策略和技能与关键概念、概括和原理联系起来时，它要求学生们在更深层次的智力水平上对事实和技能进行加工。
- 它从事实/技能和概念两个层面上促进并发展智力。
- 它支持"协同思考"——知识与理解在事实/技能层面和概念层面上的认知性互动。
- 它通过激发个人智力而增加了学习的动力。
- 学生用事实信息来解释并支持自己的深层理解，在此过程中，学生们的语言流畅性也得到提高。

二、如何实施概念为本的课程与教学

教师可以学习概念为本教学的原理，然后做好工作——但是，如果他们能够利用概念为本的课程文件来支持教学，那就能事半功倍。各个州、国家、学校和组织都在努力地为教师们提供概念为本的课程。《共同核心课程标准》和《下一代科学标准》正在努力将更深层次的概念性理解带入美国各地的课堂。科罗拉多州、俄亥俄州、佐治亚州以及爱荷华州等州为了提高学术标准，不断致力于三维课程框架的开发。像"国际文凭项目"（IB）这样的组织，他们的课程和教学也是建立在概念为本的三维模式上的。

概念为本的单元：跨学科与学科内

跨学科教学单元透过不同学科领域的观点，来审视一个主要的主题、问题或议题。即使在两个学科之间也可以开展跨学科学习（例如英语和历史），只要其中包含了概念性层面的学习。这也是我们推荐利用概念性视角来聚焦单元学习的原因。如果某个单元没有涉及概念性层面的工作，那么我们将其称作**多学科**而非**跨学科**。概念性视角或者说是概念性层面的工作通过帮助来自跨学科联系的概念性整合来融合思维。国际文凭组织所说的"关键概

> 正是概念性视角或者说是概念性层面的工作整合了思维。

念"等同于我们所说的"**概念性视角**"。

或许，在概念为本的跨学科单元设计中描述我们的实践与当前的思考的最佳方式，是讨论本主题的以下一系列问题：

> 1. 跨学科课程的价值是什么？是否所有课程都应该采用这种方式来设计？

小学阶段： 在小学阶段，跨学科单元是很常见的，因为知识和理解的深度达不到中学教育的水平。在小学阶段，跨学科单元帮助学生们看到知识和理解之间的相互联系，为他们提供了学习跨学科概念的机会，并扩展了他们的理解宽度。当然，除了跨学科单元之外，在校期间必须安排额外的时间来关注孩子们的英语语言艺术和数学能力。

中学阶段： 在中学阶段，跨学科单元为学生提供了针对研究主题探索不同学科之间的关系和视角的绝好机会。例如，有关大屠杀的单元也非常适合透过历史、文学和媒体以及艺术的角度来观察。即使如此，在尝试将跨学科方式应用到所有学校课程时，还有一些注意事项：

a. 为了发展学科素养，学生们需要具备由事实性内容和技能支撑的一定深度的概念性理解。在跨学科单元中，学科的关键概念性理解往往不能得到深度处理，因为它们的角色更多的是为单元主题提供支持。

b. 每个学科都有一个独特的概念结构。也就是说，数学概念与人文概念和艺术概念是不同的。我们划分学科是有原因的。在中学阶段，学生们主要沉浸在语言和学科的学习，以获得更深入的知识、技能和理解。

c. 作为长期课程的设计者，我们知道在中学阶段创造一个完全的跨学科课程会毁掉不同学科的概念结构。其导致的结果就是，学校的课程项目非常薄弱且含混不清。

> 2. 在中学阶段，安排多少跨学科教学单元是合适的呢？

这取决于单元主题为学科概念提供的参与程度。一般情况下，一年一到三个高质量跨学科单元是可行的，不会破坏学科的完整性。

3. "整合学科"怎么样呢？例如，整合数学或是历史/英语？

请注意，整合数学没有脱离数学这个学科，而且它的效果也不错。如果教师通力合作来教授历史/英语或数学/科学整合课程，那么教师们需要精心地匹配课程，这样在相互加强的同时，能保持学科的完整性。这样也可以运行良好，但是要注意，不要削弱某个学科的教学内容。当然，需要将数学应用到真实的世界来达到学科本身的目的——解释世界上的现象，解决问题并创造新的范式。

4. "整合"和"跨学科"之间存在区别吗？

整合是一种**认知过程**，它意味着学生超越了某项学习的事实性内容，并在概念性层面"纳入自己的思想"。这意味着，他们通过概念性思维（协同思考）处理事实性信息并完成知识和理解的综合。这种思维整合会产生一个概念性理解陈述，这种陈述是由事实支持的，同时，它也确保学生们能够跨时间、跨文化、跨情境迁移这种理解。如果概念为本的单元具备整合思考的概念层面的工作，那么无论是跨学科还是学科内的，它们都属于"整合的"。

> 整合是一种认知过程，它意味着学生超越了某项学习的事实性内容，并在概念性层面"纳入自己的思想"。

5. 为什么单元网是设计跨学科单元的有用工具？

我们大力提倡教师开始规划单元时配备一个概念/内容概述网。这样，他们就能确定单元题目、概念性视角、需要解决的分支以及关键主题和概念。在处理部分（细节）之前，整体性或概览性地审视这个单元能够确保教师深思熟虑地设计该单元的教学。

6. 在设计小学阶段的跨学科单元时，有哪些常见的错误？

跨学科单元需要重视每个学科的概念和概念性理解。然而，在许多情况下，在艺术或体育这样的科目教学中，学生最终没有得到任何的概念性理解。如果我们把艺术活动带入单元学习，那么我们应当引导学生去形成对艺术活动相关要素和原理（概念性理解）之间关系的概念性理解。例如，小学阶段的艺术课"我的家庭"，教师一般会要求学生"画出你的家人"。但是可以教授什么样的艺术概念呢？线条，造型还是形状？就这些概念而言，我们希望学生们概念性地理解哪些内容呢？也许是，"我们可以利用线条来表达形状和物体的大小"。相同的问题——解决概念性理解——同样适用于体育以及其他跨学科学习的科目。

7. 我们如何解决各个学科迅速增长的事实性内容呢？

概念为本的教学单元，无论是学科内还是跨学科的，都是以观点为中心的，而非知识覆盖为中心的。课程设计者在设计课程时进行充分的考虑，精心设计最重要的概念性理解，并将重点放在每个单元的学习探究上。学生们不可能知道所有的信息，因为信息增长速度实在是太快了。所以，我们应当选择那些最能阐明每个学科重要概念和概念性理解的内容。因为概念性理解（概括）会迁移，所以我们为学生提供的理解有助于他们看到同一观点之下各个实例之间的模式和联系。

> 概念为本的内容是以观点为中心的，而非知识覆盖为中心的。

8. 我们如何向教师们确保在使用概念为本的单元设计模式后学生们在评价中将会有好的分数（通常会更好）？

多年来，我们收到了来自概念为本学区的反馈（除了我们个人观察到的成绩提升），结果表明，迁移到概念为本的模式之后，标准测试和外部评估成绩都得到了显著提高。为什么会出现这种情况？这很容易理解——在努力学习事实性和技能为主的课程时，那些被引导进行独立概念性思维的学生们需要在大脑中更深层次上加工这些内容。他们需要更加深入地去思考，洞悉概念性视角或概念性问题与事实支持之间的联系。除了获得更深层次的理解之外，这种更深层次的认知过程帮助学生们更长时间地记忆信息。

学科教学单元旨在某一特定学科内建立概念上的深度理解。例如，一个主题为化学键的科学学科单元，或主题为线性方程和函数的代数学科单元，在中学是非常普遍的。但是，我们需要把这些在学科单元中学习到的概念运用到真实世界的实例中，学生们才能将它们关联起来。当然，我们还要认识到这一点，某个学科单元获得的概括可以迁移到该学科领域或学科内的其他实例中（迁移性不仅仅应用在学科领域或学科内）。例如，我们如果从"化学键"单元学习到"电子从一个原子位移到另一个原子，所产生的力会形成离子化合物/键"，那么我们可以将这种理解迁移到化学内的其他多种具体实例上。

评估深度理解

近日，国家和国际标准都强调了学生的程序性和概念性理解，从而帮助他们在大学和工作上都能取得成功。这些标准还支持学生的创造力、沟通和协作能力——而且促进学习的迁移。变化的评价允许学生们在一种探究情境下做出回应，并跨越多种情境发现解决方案。

现在美国有两大评估小组，他们致力于通过基于技术的系统来评估英语和数学的《共同核心课程标准》。首先，为大学和就业做准备的评价联盟（PARCC）是一家横跨22个州的联盟，其针对英语语言艺术/读写素养的《共同核心课程标准》定制的项目和任务包含的内容都是值得研究的真实内容而非人为设计的片段。PARCC评估的阅读问题是按照激发学生更深层次的与文本互动的排序方式编排的，而不是一组质量参差不齐的随机问题。对于数学，PARCC评估包含了有价值的问题，其中包括多步骤解题、概念性问题、实际应用和强大的程序，着重强调数学的《共同核心课程标准》，加强概念性深度，而不是仅仅覆盖互不关联的主题。

第二个评估小组叫做"智慧平衡评价协会（The Smarter Balanced Assessment Consortium）"，这个小组也为3到8年级以及11年级的英语语言艺术/读写素养和数学开发了一种针对《共同核心课程标准》的评估体系。该体系包含了供教师在不同时期监控学生表现的总结性评估和可选的期中评估。"智慧平衡评价协会"利用计算机适应性测试技术为教育工作者提供了有助于学生成功的反馈和数据。除了正式的表现性评价任务，要求学生展现批判性思考和问题解决能力的扩展性问答和技术增强项目也是"智慧平衡评价"的特点。"智慧平衡评价"旨在测试学生诸如深度理解、写作和研究技能以及复杂分析等能力。

很明显，这两个重要的评估小组都呼吁大家去评估学生的深层次理解。概念为本的课程与教学有助于学生们达到这种要求。在概念为本的三维课程中，深层次理解评估意味着教师通过深思熟虑的、有针对性的表现性评价任务来评估概念性理解、关键知识内容和关键技能。概念为本的评估的固有特征是学生在概念层面上迁移知识和技能的表现。

> 概念为本的评估的固有特征是概念层面上迁移知识和技能的表现。

表现性评价界定。表现性评价将内容和过程（技能）包含在一种形式中，这种形式能够反映学生知道什么，以及利用他们知道的可以做什么。在概念为本的单元中，表现性评价展示学生们知道的（事实性知识），理解的（概念性知识）以及能做的（技能）。学生学习的高质量表现性评价包含以下特征：

- 针对知道、理解和做的学习目标
- 真实可信并依据具体的情境
- 按照明确的标准进行评估
- 可以提供学生选择

设计概念为本的表现性评价任务。设计一个概念为本的表现性评价任务要求个人一开始就要记住最终目标：学生们需要知道什么、理解什么并最终学会做什么（参见图 7.1）。一项表现性评价任务最终为学习单元评估的是最重要的一项或两项概念性理解以及相关的知识和关键技能。在开发表现性评价任务时，应当考虑三项关键指标：

图 7.1　知道、理解和做

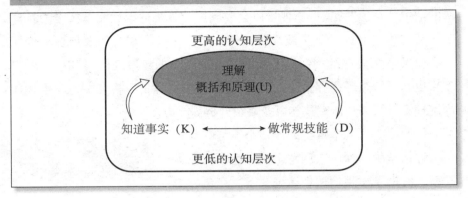

1. 确定所要的结果（KUD）。

- 为了完成这项任务，对于学生来说，哪些事实性知识是最重要的？
- 学生应获得哪些超越本单元学习内容的概括（理解）？概括应当出自本单元中精选的一到两条最重要的概括。
- 本任务中应当评估哪些技能？

注意：KUD 可以从单元计划中获得。

2. 设计能够满足关键 KUD 的有意义的表现性评价任务。

- 本项任务是否会激发学生的个人智力和情感，或提高学生的学习动机？
- 本项任务是否需要学生具备更高水平的主动思考？
- 你能否评估学生在事实（当前学习内容以内和以外）和相关的概念性理解之间发现模式和联系的能力？
- 学生能否展现出本单元所需的关键技能？
- 本项任务是否能够为研究内容提供一个具有相关性的焦点？
- 本项任务是否明确联系到目标概括上？

注意：在开发表现性评价任务时，某些设计者犯下了一个错误，他们仅仅开发了活动而非表现性评价任务，因为他们没有将本项任务同本单元的一项或两项概括联系起来。

让我们来看看下面的例子并找到开发表现性评价任务时常见的错误。

案例1

概括：诗人往往寥寥数语便能生动地表达有关人类经验的人生教训。

表现性评价任务：背诵罗伯特·弗罗斯特的《青春易逝》。

分析：从表面上看，背诵诗歌对于学生来说似乎是非常有价值的。某些教师年轻时就背诵了这首诗歌，因此他们可能会有怀旧感；但是，对于今天的年轻人来说，这首诗不再具有吸引力。这项任务非常的简单，因为其中并没有涉及学生的个人智慧，也没有联系单元内的重要概括。事实上，这项任务没有符合表现性评价任务的任何一项标准。为了将这次活动转化为一项有效的表现性评价任务，教师可以让学生解释诗人如何遣词造句来表达有关人类经验的人生教训。通过这种方式，教师不仅将本项任务回归到概括上，让学生思考文本的更深层次的意义，而且学生也能分享诗歌中包含的事实性知识并展示关键技能，例如，理解诗歌的字面意思并进行推论。

案例2

概括：高效的领导者会使用具体策略来促进团队的问题确认、解决、行动计划、报告和反思过程。具有不同想法、价值观和信仰的人可以一起解决问题。

在过去的几个月里，枫林镇经历了数次的恶劣天气，当地居民不得不背井离乡。他们既没有水电，也不能从事商业活动和上学，而社区服务机构却未能有效回应。罗杰斯先生是枫林学校6年级的一名老师，他要求学生们帮助社区设计一项灾难应对计划。通过创建一个激发性场景，他开发了一项概念为本的真实表现性评价任务。

任务方案：作为枫林镇应急准备小组的成员，你将成为某个小组委员会的一员，这个委员会负责为该镇制定全面应急行动准备计划。每个小组委员会成员都会在该过程中的某个阶段起到带头作用：

- 探索潜在的灾难；
- 作为一个团队提出有研究支持的解决方案；
- 考虑到成本，就最有效的解决方案达成一致；
- 制定行动方案，为紧急情况做准备；
- 反思任务实施过程中的团队合作和领导力；
- 使用有效的媒体，例如PPT、DVD或演示板来向枫林镇议会提出问题、解决方案和行动方案。

你的个人任务是追踪每个阶段，总结出每个阶段的任务，包括：
1. 小组委员会讨论出来的具体自然灾害；
2. 得到研究支撑的解决方案；
3. 用于应急准备的建议行动计划；
4. 对推动小组进程的领导策略的个人反思；
5. 对小组整体展现出来的团队合作情况进行个人反思。评论小组中多元观点的价值。

将在以下方面对你进行评价：
- 按照有效领导的标准进行团队领导的能力；
- 作为有贡献力的团队成员，你的有效参与的能力；
- 小组行动计划在满足社区需求方面的质量；
- 你们小组能够向镇议会清晰、有效地提出计划的能力；
- 你的个人工作的阶段总结，包括你个人的领导力以及团队合作情况的个人反思。

分析： 本项任务体现出了学生们在这些知识上的真实水平，因为通过让孩子积极参与，激发了孩子们的个人智慧。此外，它要求学生们利用自己的知识和技能来解决现在许多社区面临的现实问题。它要求学生们体现出对本单元两大概括的深层次理解力。

3. 形成评估结果的有效标准。

- 哪些证据能够体现学生对本单元 KUD 的熟练掌握？
- 哪些标准能够确定学生表现等级？
- 学生们如何反思并自我评价学习情况？

注意：表现性评价任务应当始终配备一个评分指南，这样在任务开始之前，学生就能够了解预期表现。评分指南还确保教师在评估学生作业时能够清楚意识到这些评估标准。

评分指南按照一套明确标准评估学生的学习成效。依据评估目标的不同，评分指南可以是简单的，也可以是详细的。最简单的评分指南形式就是清单（见表7.1）。它确定学生是否符合某项标准，也可以给清单的每一个项目打分。采用清单时需要考虑到学生可能会询问教师的评分理由。为了解决这个问题，教师可以采用一种叫作量规的更全面的评分指南（见表7.2）。量规将评价标准和数值范围相结合，明确定义了每种表现水平的标准。无论教师采用哪种类型的评分指南来评价表现性评价任务，都应该采纳针对表现性评价任务"KUD"的标准，它必须包含对任务中用到的重要概括的评价。最后，评分指南应当有助于学生开展自我评价和反思，有助于实现师生之间有意义的反馈循环。

表 7.1 评分指南表

语法使用检查表

标准 （每项3分）	分数 （分）
正确使用相关的连词	_____分
正确排列句子中的短语和从句	_____分
能够辨认出不恰当的动词时态变化	_____分
使用动词时态来表达不同的时间、顺序、状态和条件	_____分
使用各种简单句、复合句和复杂句	_____分
	_____共计

开发表现性评价任务时的常见问题。

- 学生表现与单元概括脱节。通常情况下可以从概括中提取语句放在这个任务中来避免这种情况，一般将其放置在结尾处。
- 教师或许设计了一系列的活动，但这些活动无法激发孩子对一个真实表现性任务的智力参与。
- 设计出来的表现性任务与年级水平不符。
- 单元的概括和教师对表现性评价任务的要求脱节。
- 预期结果和评价标准之间出现了脱节。

表 7.2　评分指南量规

应急预案

标准	熟练水平			
	1 初学	2 发展中	3 熟练	4 优异
领导力	担负起领导的角色，但是有所保留；需要援助来激励团队完成任务；事情进展顺利的时候具备积极的态度。	愿意承担领导角色；但是整个项目中需要援助来维持团队的积极态度和动力。	对领导的角色充满自信；以积极的态度并且适当地指引，鼓励其他人完成任务。	在完成任务的过程中，自信地、持续地引导团队；用积极的态度和明确的、合乎逻辑的指引来激励他人。
团队合作	只有被要求的时候才参加规划和设计过程；只有被要求的时候才为他人提供支持；在提供反馈时候犹豫不决。	通过听取他人的意见参与规划和设计过程；在问及时才给出反馈。	通过参与决策制定，向他人提供反馈和/或听取他人的观点来参与规划和设计过程。	通过有效地履行个人责任，积极参与规划和设计过程；倾听和尊重他人的意见；通过理清并扩展讨论来支持小组决策。
行动计划的质量	大体上找出了问题；提供了行动计划，但是缺乏细节且不够清晰；提供了某些有研究支持的证据，但是这些证据包含了一些不准确的信息或者说无法有效地支持问题的解决。	提出问题并给出行动计划；提出的解决方案能够得到有限的但是准确的研究的支持。	充分地认识到并总结了问题；提出并概述了包括关键利益相关者的行动计划；提出的解决方案得到准确和充分的研究支持。	清楚地提出并总结了问题；找到并勾勒出一份涉及所有利益相关者的创新且合理的规划；行动计划还具备有力证据支持的研究，解释为什么在诸多解决方案中，这是最佳解决方案。

第七章 关于概念为本的教学设计，教师需要理解什么

续表

标准	应急预案			
	熟练水平			
	1 初学	2 发展中	3 熟练	4 优异
展示	提供了视觉展示，但是缺乏吸引力和影响力；演讲不清晰；只有零星的目光接触和观众参与度；需要读纸条。	视觉展示具备一些吸引力，大体上未说能够联系行动计划，但是文本缺乏细节；演讲清晰，零星的目光接触和观众参与度；主要依赖纸条，但是尝试直接与观众沟通。	视觉展示反映了观众收到的不错反响并接收到了行动计划；演讲清晰；很好的目光接触和观众沟通，直接和观众充分参与；很少依赖小纸条。	视觉展示具有创造性，并有效反映了行动计划；演讲很明确并与观众有直接的目光接触；提出了清晰而有说服力的论据；不需要小纸条；与观众实现了有效的沟通。
反思	找到自己对团队的贡献，仅能找到自己作为领导的角色；没有联系或很少联系到概括。	找到自己和团队的贡献和领导力；批评自己或自己的团队；很少联系到概括。	找到自己和团队在领导力和团队合作方面的优点；找到一些弱点；清晰地联系到概括。	明确表达自己和团队在领导力和团队合作方面的优点，弱点；清晰地联系到概括。
评论				

注意：可以对本量规进行调整，按照每个分项的权重核算分数，然后计算出累计分数。

从表现性任务到学习体验。学习经验提供给学生机会，帮助他们在表现性任务和其他单元 KUD 目标评价上取得成功。一旦为本单元开发了表现性评价任务，学习体验就是要确保学生们能够达成这个任务的预期结果（见表 7.3）。其他的学习体验则为单元中其他的"知道""理解"和"能做"的目标提供服务。

表 7.3　支持最终表现性评价任务的学习体验范例

学习体验	差异化教学	关联目标 # s		
		K	U	D
1. 讨论有效领导者应当具备的素质并实践这种素质				
2. 练习演讲技能				
3. 实践研究过程				
4. 制定一项调查，以评估社区的需要				
5. 利用技术来制作演示内容				
6. 利用评价证据来支持某个立场				
7. 讨论有效团队的特点并组对练习				
8. 练习撰写报告				

注意：教师应当设计不同的途径来对课堂上所有学生进行差异化教学。关联目标必须联系到本单元的 KUD：本单元结束时，学生应当知道的重要内容，应当理解的其他概括，以及需要掌握的关键技能。

三、概念为本的教学的四个核心方面

概念为本的教学有四个组成部分，这四个组成部分对于教学来说非常重要，因此我们需要对其分别对待，它们是协同思考、概念性视角、引导式教学和引导性问题。

1. 协同思考

根据定义，**协同**是指两个或多个部分的相互作用会产生比单个部分更强大的作用。这个定义帮助我们描绘了概念为本的教和学的重要特点。如果将协同思考运用于概念为本的三维设计模式，那么它意味着，将事实层面的思考与概念层面的思考结合起来，就能促使学生获得深层次理解，就能将思考迁移到其他时间、地点和情境。

> 协同思考是概念为本教学的核心。

理解**协同思考**这个术语的含义并在备课的时候记住这个目标，因为这是概念为本的教学的核心。如果教师在课堂中不能激发学生的协同思考，那么这位教师就算不上概念为本的三维教师。所以我们值得花一些时间来理解这个概念。你能分辨出以下哪种学生任务要求发挥协同思考吗？你能说出相关的原因吗？找一找这些激发协同思考的教学要素：

- 概念性视角
- 事实性、概念性和激发性（辩论）问题
- 理解迁移
- 绑定一条概括
- 从学生那里得到这一概括

学习过程

（1）8年级艺术

教师："我们刚刚已经了解过'消失点'的概念了。现在画一幅画，用线条来表达消失点的概念。列举其他需要用到消失点的场景或作品，并进行解释。"

（2）12年级经济学

教师："自然资源为什么既是经济利益又是环境挑战？假设你是一名环保主义者，你必须和一名来自某家公司的工程师一起合作，这名工程师希望利用自然资源来为公司牟利，作为合作伙伴，你现在要从以下列表中选一种自然资源,同时,这个小镇现在面临着经济效益和环境问题之间的冲突,现在你要研究一下实际情况。"

油

水

煤

风力

"小镇议会渴望与该公司合作,增加就业机会并改善小镇疲弱的经济。在这种伙伴关系中,请你选择一个角色,作为环保主义者或工程师。作为环保主义者,你要研究该公司使用自然资源所导致的环境危害。作为公司的工程师,你要提出利用自然资源的方案,同时,你还要准备好一份辩护方案来维护公司的经济利益。在将提案递交给议会之前,你们两个人需要见个面,相互分享一下报告内容。准备提出你的观点:如何尽量减少或避免环境影响从而实现公司利益。"

(3) 2年级科学

教师:"今天我们做一个简单的机器。这个机器需要做某种工作。选择以下零件,决定你想要建造的机器种类。"

杠杆

滑轮

斜面

"考虑一下你的机器能够执行的简单任务。描述你的机器是如何工作的。"

(4) 10年级数学

黑板上的句子:"比例系数表示模型和实际数字之间的比率。"

教师:"我们刚才已经研究过比例系数和比率之间的关系,因此,你们对黑板上这句话肯定有了一定的理解。在小组中,你需要将这个知识运用到现实世界的两个实例中。请确定你的模型和现实物体之间的比例系数。"

"用你自己话写出比例系数和比率之间的关系。"

(5) 5年级音乐

教师:"我们刚才听了不同的音乐旋律。你喜欢什么样的旋律——快的?慢的?重复型的旋律?今天,你和你的合作伙伴需要在木琴上用你喜欢的节奏和节拍创作自己的旋律。"

如果你认为课堂 1、2 和 4 需要用到协同思考，那么你答对了。注意，每节课都需要学生进行概念性层面的工作，而这需要利用事实性知识来支持。想一想，如何将概念性层面的工作带入课堂 3 和 5？

现在，我们要真正测试一下你的技能！以下是一些传统活动，你如何对它们进行调整从而激发学生们的协同思考：

  a. 语言艺术：阅读该故事 _____ 并说出故事中的"谁、什么、何时、何地和为什么"。
  b. 世界语：在现在时和一般过去时中调节规则和不规则动词的词形。
  c. 艺术活动：制作叶子拓片。
  d. 化学：观察化学反应，并确定反应物和生成物。
  e. 地理：绘制你的社区地图并展示出主要地标。
  f. 几何：用纺织品设计举出转化的例子（平移，反射，旋转和扩张）

你想好该如何调整每节课来使学生利用概念来处理事实或让他们获得深层次理解的概括了吗？（相关案例请参见资源 F）。

2. 概念性视角

如果想要发挥概念为本的教学的力量，那么最简单的方法就是利用概念性视角来聚焦某个教学单元的学习与思考。概念性视角是一个宽泛的概念，学生通过关注概念来处理事实性知识时，概念性视角确保学生发挥协同思考。概念性视角还能促进学生跨时间、跨文化、跨情境迁移知识。有时教师会选择某个具体的概念性视角，因为他们希望培养学生对重要学科概念的深层次理解——例如，英语语言艺术单元中可能会用到"原型"这个视角，高中的经济课中可能会用到"市场化"这个视角。

表 7.4　带有概念性视角示例的单元标题

单元标题	可能的概念性视角
第二次世界大战	领导力 / 权力
大屠杀	非人道 / 人道
植物	适应
几何图形	转换
神话	起源
画像	线 / 底纹
举重	耐力 / 力量

想一想，学习者如何带着概念性视角所激发的思考来学习表 7.4 所列出的单元。

3. 引导式教学与演绎式教学

概念为本的教学的另一个重要方面就是"引导式教学"，它能够激发学生的理解力。引导式教学是相对于"演绎式教学"而言的，在演绎式教学中，教师会先告诉学生概念性理解，然后让学生们通过学习过程来巩固对概念含义的理解。概念为本的教学更多地依赖于引导式教学（虽然在某个教学单元中，可能会数次用到演绎式教学），来鼓励学生独立地探索并构建意义。让我们来看看每种类型的教学案例：

> 引导式教学能够激发学生的理解力。

A. 演绎式教学

单元标题：人为灾难和自然平衡

黑板上贴上概念性理解："人为灾难会破坏大自然生态系统的平衡。"

教师："在这个单元中，我们要学习人为灾难如何破坏大自然的生态系统平衡。"

学习过程
- 课堂讨论"自然平衡"的含义。
- 研究两次大型人为灾难,如2009年墨西哥湾石油泄漏和2010年的日本核灾难。
- 在你的圆桌团体中,找出这些灾难对生态系统的影响。
- 与同伴合作,确定哪些影响会破坏自然生态系统的平衡,并准备好明天上课时分享和讨论这个问题。

B. 引导式教学

单元标题:人为灾难和自然平衡

概念性视角:平衡/可持续发展

黑板上贴上概念性问题:"面对人为灾难,如何保护环境?"

教师:"在这个单元中,我们将探讨人为灾害对自然平衡的影响,并探讨环境可持续性的问题。"

学习过程

1a. 在黑板上迅速写出问题,讨论环境可持续的概念。

1b. 讨论环境可持续性的意义,全班同学商定一句话的定义。

1c. 与合作伙伴一起回忆一组图片,确定哪些图片能够反映环境可持续性———一个健康的环境。

1d. 全班一起讨论环境可持续性需要具备的要素以及"自然平衡"的重要性。

1e. 对于其余的图片,和你的合作伙伴一起寻找能够体现环境破坏和自然平衡损坏的人为因素。

2a. 选择最近一次的人为灾难并研究它对周围环境和生态系统的影响。利用Skype与生活在灾难地区的学生沟通,了解灾难对环境的影响和政府/社会的反应。

> 2 b. 任务：
>
> "你是一名市议会的成员，需要承担维护环境的责任，同时还要刺激疲软的经济。一家大企业希望在市内的一条河流旁边建工厂。你知道这家企业可以创造很多的就业机会，但是你需要确保环境可持续性，并保护自然生态系统的平衡。构想一组问题，这个问题需要联系到这家企业对周围环境的影响，涉及对水、土地和空气的考虑。写一页纸的信寄给公司负责人，表达你对潜在破坏自然平衡的忧虑并引述具体潜在危害的例子。在这封信的总结部分要说明这一点，如果环境能够得到维持，自然平衡能够得到保护，那么你希望支持这家企业。"

4. 引导性问题

概念为本的课程和教学要求教师提出的问题能够涉及事实性的知识/技能以及概念性理解。当我们回顾传统的课程单元时，通常会发现，历史单元包含的几乎完全是事实性问题，而科学单元包含的几乎完全是能够跨实例可迁移的概念性问题。这是可以理解的，因为历史科目的目标一般都是事实性层面的，所以教师提问也是事实性层面的。例如，"1861—1865 年的美国南北战争"这一单元会用一系列事实性问题来探讨这个话题，如：

不同的社会和政治信仰是如何导致美国内战的？
什么样的社会问题导致了南北之间的冲突？
什么政治问题导致了南北之间的冲突？
内战前和内战期间，南方人为什么觉得奴隶制是必需的？
为什么北部各州反对奴隶制的做法？
北方在内战的开始之前有什么优势？
南方在内战的开始之前有什么优势？
南方是如何设法克服人力和物力上的缺点的？

事实性问题会锁定在特定的时间、地点或情境下——正如事实本身就锁定在特定时间、地点或情境下。

因为科学更多的是由学科概念架构的，所以教师自然就会问一些概念性问题，例如"生态系统中的生存"这个单元的问题：

人口和社区是如何关联的？

一个社区的人口是如何确定的？

生物和非生物因素对环境有什么影响？

自然事件，如洪水、龙卷风、火灾和火山爆发，为什么会影响生态系统？

生态演替是如何支持生态系统的？

生态系统在灾难性事件后是如何达到平衡的？

概念性问题能够跨时间、跨文化、跨情境迁移，正如概念本身能够跨时间、跨文化、跨情境迁移。

历史学科既需要事实性问题，也需要概念性问题，只有这样，那些深刻的历史教训才能够跨时间、跨文化、跨情境迁移。历史教训不是事实，而是来自事实的迁移性理解。在教授内战单元时，我们可以提出以下概念性问题，再搭配一些事实性问题，引导学生探究并获得概念性理解：

> 概念性问题能够跨时间、跨文化、跨情境迁移，正如概念本身能够跨时间、跨文化、跨情境迁移。

概括（概念性理解）：

强烈的信仰和价值观可能会导致旷日持久的社会和政治冲突。

概念性问题：

为什么"价值观"冲突是最难以解决的？

价值观和意识形态有什么关联？

各国是如何尝试解决根深蒂固的信仰和价值观冲突的？

另一方面，在教授科学时，教师需要提问一些事实性问题，确保学生真正了解相关的概念。概念的提出需要以特定的经验性的实例为基础。

对于"生态系统中的生存"这个单元，如果教师能将事实性问题与概念性问题结合起来，那么就能确保学生通过掌握知识来理解概括：

概括（概念性理解）：
生态系统能够通过生态演替过程而达到平衡。

事实性问题：
什么是生态演替？
沙漠生态系统涉及哪些生态演替过程？

激发性（辩论）问题：
第三类问题是开放式的、争议性的辩论式问题。这些问题激发智慧、引人入胜，而且没有正确答案或错误答案。单元教学中这类问题的数量不会太多，因为它们比较耗时间，也不一定能够引导学生掌握标准所要求的知识和理解，但是，它们无疑是指导性探究的一个重要方面。例如，在"南北战争"单元，教师可以问一个激发性问题，例如"内战结束之后是否形成了公民社会？请解释。"

在"生态系统中的生存"这个单元，可以问这个激发性问题，"为什么植物多于动物？"

四、高质量教学

第五章描述的量规详细介绍了概念为本的教师的发展特点。当然，每个教师都有其独特的方式和教学风格，但是，有些重要事项必须出现在概念为本的教学中：

（1）包含概念性层面学习的三维教学设计。

（2）帮助学生意义建构并指导他们从内容学习中发现深层的概念性理解的结构化探究。

（3）激发学生们协同思考的精心备课。

（4）利用事实性、概念性以及一些激发性（辩论）问题来将现象和深层次理解联系起来。

（5）既解决知识技能，也解决深层次概念性理解的评价。

协同思考要求教师知道事实性和概念性层面知识的区别，以及这些层面之间的相互作用。这一事实会对教学培训产生强有力的影响。

五、概念为本的课堂

概念为本的课堂中，学生们采取小组学习的方式，共同探讨重要的问题或主题，学生们会利用**概念性视角**来聚焦单元学习并开展事实层面和概念层面的思考（协同思考）。教师利用事实性、概念性和激发性/辩论性的问题，激发并扩展学生们的思考，从而促进学生进行结构化的探究。教师采用**观念中心**的教学法，引导学生获得概念性理解（概括）。在概念为本的课堂中，观察者会观察到学生们提出事实性例子来支持自己总结的概括。小组讨论是有意义的、互动的过程。教师鼓励学生们用自己的语言精心打造概括，直到学生们所描述的概括准确且巧妙地得到了事实性知识的支撑。学生在事实性知识和所对应的概念性理解之间反复思考的过程就是协同思考的精髓。

让我们来看看在社会学、数学和英语语言艺术课堂中更具体的实例，找出在这些学科领域之间的一些细微差别。

> 在观念中心的教和学中，概念为本的教学法需要在单元学习中涉及多个概括。

社会学课堂 在很多学科如数学、科学和英语语言艺术当中，概括往往被视作得到事实和过程良好支持的重要理解。但是社会学领域中，许多的概括会受到文化背景和时间的影响。这并不意味着社会学领域不存在概念性"真理"。在社会学领域如地理、经济和政府等分支中存在许多概括，有关这些学科的概括在全球范围内都达成了一致的理解。但是，有些随着文化或时间的改变而改变的概括，教师在叙述的时候需要使用一些修饰语，例如，**经常**、**可以**或**可能**。然而，教师也不能过度使用这些修饰语，否则某个单元的概括会显得缺乏说服力，或像是陈词滥调。除了修饰语，还有其他方式处理概括的异常情况。提出引起概括的例外情况的引导性问题，探索导致不同回答、不同观点或真相的文化背景和时间，有助于学生认识到文化背景和时间的重要性以及当代主义的危险性（Wineburg，2001）。

安德烈·米利甘和布朗温·伍德是两位社会学教育家，他们来自新西兰惠灵顿的维多利亚大学，他们为《课程研究杂志》(Journal of Curriculum Studies，2010）写了一篇题为"将概念性理解作为过渡点：弄清复杂社会世界的含义"(Conceptual Understanding as Transition Points: Making Sense of a Complex Social World）的优秀文章。他们警告说，不能将概念性理解的叙述看作是社会学的终点，而应当将其视为"过渡点"，学生们通过思考文化背景和时代的影响，塑造行动、价值观和信仰，从而实现变化的、扩展的和深化的思考。米利甘和伍德也一直关心教师们是否将概括简单地看成了要教授的更为抽象的"事实"。

概括不是教授事实或教师说教的终点。课程开始时，如果教师将概括写在黑板上，那么就代表这些都是需要学生们知道的事实。概念为本的教师会通过引导式教学引导学生们总结出概括，在这个过程中他们会用到协作性探究和引导性问题。他们会引导学生得出概念性理解，并要求学生利用事实或经验数据来支持自己的理解。他们对于学科的事实性和概念性内容具备深入的理解，能够利用教授和提问的艺术来帮助学生探索概括的例外情况并扩展学生的知识。"那又怎样（So what）？"是一个在社会学和科学领域的有力问题。

往往有这样一种倾向，即为一个单元只撰写一条概念性理解或概括。而兰宁和埃里克森坚信，一个单元一条概括是不够的，原因如下：

- 一个单元所包含的内容往往需要一个以上的深层次理解。单元网的每一个分支都有一些重要的微观概念，这些概念暗示着不同的学习维度。因此需要有足够的概括来处理每个分支。举个例子，想一想一个历史单元，不仅仅有一条对历史的理解，其中还穿插了对经济、政府、地理和文化的理解。每个分支都具有其独特的概念和概念性理解。所以，这样一个单元可以有五到八个概括。

- 一个概括无法保证从传统教学转变到观点中心的教学。此外，只有一个概括意味着它非常的宽泛，而学科思想的深度可能就被牺牲了。我们鼓励教师更多地使用引导式教学和学生探究，需要教学朝向清晰而有力的观点。

数学课堂 作为一种概念性语言，数学天然就适合开展概念为本的教学。但是传统的教学无法激发学生深层次概念性理解。为什么会这样？很多成年人觉得他们只是"做"数学，而不是理解他们"做"的东西。问题在于过去教授数学时，传统的做法是，教师将数学当做一种程序和技能来教，并直接假定学生已经获得概念性理解，而不是朝向概念性理解去教。在数学语言中，我们仅仅解决了方程的一半。概念为本的课堂中，教师当然要教程序和技能，但更应将教学延伸至引导学生理解那些支持技能的概念性关系。数学应当同时采用文字和算法来进行表达。每一个数学中的重要概念都有两个重要的方面：

（1）相关的技能；
（2）解释关键技能的概念性关系陈述。

这并不意味着每种单独的数学技能都带有一个概括，而是说，对于每一个重要的数学概念，教师应当选择一定数量的概念性理解，并利用文字和算法将其表达出来。

英语语言艺术课堂 过程驱动的学科（例如，英语语言艺术）的分支包括：理解文本、回应文本、批评文本和创作文本（兰宁，2013年）。在《为英语语言艺术设计概念为本的课程：以完整智力实现美国共同核心课程标准，K-12》一书中，兰宁一一解释了这些分支的基本原理。

如前所述，在单元网中，有时候概括是用来表达单个分支的重要观点，有时候是表达多个分支的重要观点。各个过程之间的相互作用促进了这种相互影响。下面是来自短篇小说单元的一个概括实例，有三个讨论要点来解释概括怎样通过提供教学机会以加强各个分支中过程之间的这种相互作用。

> 一篇现实主义短篇小说一般会深刻地探讨某种来自现实生活的事件或经历。
>
> 1. 在教师朝着支持学生理解故事结构的概括而教时，思考一下教师可能开发的各种课程。（理解文本）
> 2. 思考一下概括如何指导学生撰写短篇小说。（创作文本）
> 3. 考虑一下教师可能围绕概括提出哪些问题，同时，教师会创造哪些机会来给学生们讨论并分享他们对文本的反应。（回应文本）

长期以来，英语语言艺术的教学忽略了学生的概念性理解，而主要专注于教授文本中的事实性信息以及读、写、听、说、看、演示和研究的技能。教授这些过程背后的重要思想能够为学生学习提供相关性、深度和意义。

六、问题讨论

1. 为什么教师们需要理解概念为本的课程与教学的组成部分和教学要求？
2. 下面哪一种要素对于实现概念为本的学习最为重要？为什么？

- 概念性视角
- 概括（概念性理解）
- 不同类型的引导性问题（事实性、概念性和激发性）
- 学生们进行协同思考
- 引导式教学

3. 你能用一个比喻或视觉形象来表达"协同思考"的概念吗？
4. 概念为本的教师如何确保学生们的学习体验和表现性评价任务达到了深层次概念性理解的水准。
5. 在教学单元中，仅仅提出开放式的概念性问题会出现什么问题？

6. 在教学单元中，仅仅提出事实性问题会出现什么问题？

七、总结

本章主要内容是，就概念为本的课程与教学的各个方面（是什么、为什么和怎么办），教师需要理解哪些内容。我们采用了概念为本的课程和表现性评价任务在具体学科领域中的实例来支持这些要素。同时，我们详细介绍了概念为本模式的四种关键组成部分：协同思考、概念性视角、引导式教学和引导性问题。第八章对本章内容进行了延伸，讨论在概念为本的课程与教学模式的实施和支持方面，校长和教学指导员需要理解哪些原则。

第八章 关于概念为本的课程设计，校长和教学指导员需要理解什么

实施新的概念为本的课程需要学校大多数的教师和管理人员做出改变。在网上搜索一下变化过程，就会看到超过200亿条记录。为什么这么多人声称精于改变——但是改变却又如此易于失败？为了避免这一点，领导人员可以做些什么呢？需要建立哪些系统来支持这种变化呢？本章将探讨这些问题并提供一些经过实践检验的回答，从而确保教师投入在课程开发上的工作和资源能够产生预期的结果。

一、为课程实施设立阶段

在开始实施新的概念为本的课程之前，各自为战的领导有很多前期工作要做。这里有一些初步步骤：

1. 调查影响改变的潜在困难

如果我们真正希望成功实施一个新的概念为本的课程，那么我们首先应当做出的改变就是停下来，认真地审视一下我们自己以及需要做出改变的个人行为。哈佛商业评论发表了罗伯特·基根和丽萨·拉思考·雷希撰写的一篇题为《人们不想改变的真正原因》(*The Real Reason People Won't Change*，2001)的文章。这篇文章不仅讨论了人们不想改

变的隐藏原因，而且还对"变革免疫"进行了一项诊断测试，这项测试可以用来揭示那些未被意识到的、阻碍改变的矛盾承诺（competing commitment，个人可能声称自己支持某项改变，但他的行动却正好与此相反，而他却不自知，这种情况叫作矛盾承诺）和大假定（big assumptions）。笔者推断，除非他们能够理解"矛盾承诺"这个动态心理，否则领导者既无法改变自己也无法改变那些拒绝改变的他人。换句话说，虽然学校领导自称是致力于通过新的概念为本的课程和行为来提高教学水平，但是，他们不知道为教师提供必要的支持，这可能会成为一种变相或潜在的矛盾承诺。这篇文章绝对值得一读。有些人愿意拥抱变化，但是还有一些人不愿意从舒适的过去中走出来。因此，我们有必要理解不同教师的个人特点，以便有效地帮助他们明白并成功地做出改变。

2. 聚拢各自为战的学习团队

了解改变的必要性和紧迫性是变化过程中的重要因素。那些一直在努力提高学生成绩的学校对于新的课程一般都嗤之以鼻，因为过去他们遭遇了太多失败。另一方面，那些学生成绩还不错的学校觉得没有必要去尝试新的课程。在这种情况下，如果改变那些过去"发挥了效果"的教学方式意味着可能导致学生成绩的下降，所以维护现状似乎是一个不错的选择。

破除陈旧观点，实现所有学生的进步，鼓励所有人相互协作、共同开展概念为本的教学并不是一件容易的事情。这就是为什么校长不能孤军奋战的原因。约翰·科特和霍尔格·让斯贝格（2005）认为，为了整合一所学校的学习或领导力，团队在变革过程中发挥了重要作用。将那些有助于新课程实施的教师和教学指导员整合为一个强有力的团队，不仅加快了学校范围对变革的支持，也增强了持续的、准确的、及时的沟通。学校领导团队的成员必须得到同事的尊重，他们能够代表不同的观点并致力于实施概念为本的课程。与这样的团队一起有效工作的校长，对于团队在变化过程和持续改进中的作用，怎么夸赞都不过分。在实施新课程的时候，鼓励教师发言是个不错的举措，因为他们奋斗在教育第一线，能够更加有效地预见并帮助解决那些变革中必定会出现的问题。一旦学校的学习团队的成员们理解了概念为本的教学设计是什么、为什么和怎么做之后，他们就能鼓励其他人加入。

3. 塑造概念为本的教学的共同愿景

成功实施新课程的准备工作还包括解释概念为本的单元在实践中是怎样的。很多要求实施新课程的教师并没有参与课程设计过程，因此他们不能充分理解概念为本的教学与传统教学之间有什么不同。那么，有效的沟通是关键。教师首先需要引用具体例子并开展大量的对话。当我们需要改变那些长期以来的做法时，肯定会出现对失败的恐惧和焦虑，这时就需要做大量的安慰、支持、示范和指导工作。这会帮助教师随着时间的推移学习并实践概念为本课程的各个组成部分。学校领导需要塑造共同愿景，明确概念为本的教学是什么以及如何在学生中体现出来，在此过程中，第五章所包含的量规（以及许多其他我们已经发布的资源）成为了非常有用的资源。当对这种新方式有了更深的理解并成功实施之后，人们会发展新的教学思维模式，并将概念为本的教学和学习作为一种思考和行事的方式。

二、员工发展

我们不断地收到这样的信息，在教师首次实施概念为本的课程时，他们往往缺乏员工培训。为教师提供所需的专业发展培训是非常基

> 忽视员工培训对改善教与学而言，会引起毁灭性后果。

本的，但是这往往成为削减预算的对象。对于改善教与学来说这将是毁灭性的。

关注本位采纳模式（concerns-based adoption model：CBAM）已经存在了几十年，但是，这个原本可以显著改善新课程实施过程的模式遭到了大家的忽视。这个模式指出，在实施变革的过程中，人们经历不同发展

阶段的状态是可以预见的。在早期阶段，人们的问题/关注点都是自我导向的："这是什么？"以及"它会如何影响我？"这些问题解决之后，就到了下一个阶段，任务导向的关注点出现了："我怎么做好呢？""我怎样才能有效使用这个课程呢？""我怎么准备呢？"以及"为什么需要花这么长的时间？"最后，当自我和任务的关注点渐渐淡去之后，关注点最终会转向该事物的影响："这个课程对学生来说真的有用吗？""是否还有更好的方法呢？"

接受关注本位采纳模式训练的校长和教学指导员能够利用研究得出的评估工具，这样他们就可以看到教师的担忧并据此设计出专业的培训支持。弄清楚教师处在哪些关注点阶段之后，教学指导员就可以更加准确地判断教师们问的问题到底是什么。

关注本位采纳模式给我们的另一个教训就是长期关注课程实施的重要性。解决早期关注点，然后出现新的关注点，这会需要很长时间。因为专业化发展培训机会非常宝贵，我们不能好高骛远或停滞不前，结果浪费了这些机会。只有针对单个教师关注点层次，专业化发展才能得到最有效的实现。这意味着我们必须为教师提供差异化的学习机会。如果学校要求教师一整年都实施那些新的概念为本的课程单元，要求教师变革教学实践，去教授过去从未教过的单元主题，事情很快就会失控。好消息就是，有了必要的支持和时间，事情很快就会变得非常顺利！霍尔和霍德（2011）的最新著作很好地将关注本位采纳模式与专业学习社区结合起来，而这反过来将支持教师去学习概念为本的课程与教学。

三、带问责的员工支持：建立系统范围的协同

在前面的章节中，我们将协同思考定义为低水平思考和概念性思考之间的相互作用，这种思考能引导学生获得更深层次的理解并获得迁移概念和观点的能力。这种协同思考过程发展了学生智力并激发了他们的学习热情。学校的领导和教学指导员（认真对待教学和学习改革的那些人）要有计划地在员工中重现这种认知性互动。在这种情况下，学校领

第八章 关于概念为本的课程设计，校长和教学指导员需要理解什么 • 111

导要相互沟通并提出系统计划（一般由学校领导团队制订），从而提高整个学校内的协作，创造支持概念为本的教学和学习方式的环境。

校长、教学指导员和教师之间相互提出问题，这样能够帮助大家将教与学放在一个更为概念性的框架中思考。例如，教师可以进行类似如下的课前提问：

- 你为什么决定把课堂重点放在这个概念上？
- 哪一个课程概括指导了本节课的设计？
- 你如何决定本节课包含哪些事实／技能？你觉得这些是否有助于学生发展对概括的理解？为什么？
- 请解释一下本节课中作为目标的事实、概念和概括之间的关系。

课后问题可以包含以下内容：

- 你觉得这节课下来学生们是否获得了对关键概念的理解？你有什么证据？
- 在让学生找出代表的概念之前，你是如何确定要呈现哪些属性的？
- 课堂中你会使用哪些工具来帮助学生们联系事实性和概念性层面的知识？这个工具的效果怎么样？
- 你是如何支持学生得出对概括的认识的？课程设计能否确保浮现出学生的思考，从而及早发现学生的误解？

现在教师之间的对话采用了概念为本的共同语言且具备明确的焦点——这将不断提高每个人对概念为本方法的理解和实践。在人们开始重新思考过去的传统做法时，你似乎能够听到精神被点燃的声音。例如，最近有一位优秀的1年级的教师正在学习概念为本课程的设计，他说："这些全新的知识触发我立刻思考这个问题，我为什么要教授家庭单元呢？因为在这个单元学习中，学生们需要去做采访，记录各自家庭的人数等等。但是，我开始想，这一节课的真正意义是什么？这节课中，我应当将焦点放在哪些**概念**上面呢？我现在意识到了如何赋予这节课更深层的含义。"当你听到这样的见解，你知道教师层面的协同思考正在发生！校长和教学指导者可以通过持续对话和行动来培养这一点。

对员工的支持同样要求个别化对待。第五章的量规描述了这个现象，在概念为本的备课和教学以及 CBAM 工具方面，教师的掌握水平各不相同，知道了这一点，教学指导员就能够定制教师的不同学习需求。

最后，反馈是员工支持和可持续性发展的另一个组成部分。正如及时和相关的反馈有助于学生的学习，正在学习新实践的教师也需要这种反馈。具体来说，教学领导提出的问题类型可以是一种有价值的反馈形式。如果反馈没有针对课程目的，那么教师会觉得极度绝望，并很快就重拾传统教学。

> 教学反馈如果没有针对课程目的，教师会觉得极度绝望。

员工支持并不意味着没有问责。换句话说，人们不能等着"改变"自己到来。有重点的支持和加强的问责传递出这样的讯息："我们都在认真实施概念为本的课程，而且我们在一起学习。既然我们开始了这趟旅途，那么你就需要为此做出承诺；我这里立下的承诺就是为你提供支持。"

如果缺乏这一项，那么最先响应实施新课程的教师们会一股脑投入其中并付出全部，而其他人则会在慢慢将脚深入水中之前持观望态度，看看这些先吃螃蟹的人情况会怎么样。而且，还有一些人会坐视不理，希望这一切赶快过去。有人努力投入，有人观望，这是不可接受的。校长和指导员要清楚地传达这一点，有充足的支持和专业发展培训，但是更重要的是他们对坚持实施概念为本的教学和学习是认真的。

四、"正确"数据的收集与分析

随着学生逐渐获得更深层次的概念性理解，我们需要一种方法来有效地监控他们的进度。单一的数据点无法达成这个目的。概念为本的教学理念下，教师需要使用能够反映学生的知识、技能和理解水平的形成性评价和总结性评价。看一下一整年学生接受的大部分评价，你可能会发现，如果说知识和技能得到了广泛的评价，那么极少有数据揭示学生的理解深度。

在概念为本单元结束时，常见的最终表现性评价任务是跨年级共同分析学生学习状态的一种手段。这些任务都经过了精心设计，并包含三个领域的信息：学生的理解、知识和技能。在整个概念为本单元的教学中，需要能够同时获取三个领域数据的评价。

外部的总结性评价并不评价学生的理解能力，所以对于概念为本课堂内学生的早期进步，这种评价并不敏感。就我们和许多地区的合作经验来看，在实施概念为本的课程时，随着时间的流逝，学生们在所有类型的评价上都表现得越来越好。为了捕捉学生身上不断发生的变化，需要使用各种评价方法和类型。

形成性的课程本位评价早期收集的数据非常重要，主要出于以下原因：首先，这些评价并不是高利害性的，相反，随着教师自己取得学习进步，他们可以用这些重要的学习工具来与学生共同分析进步成果。其次，如上所述，课程本位评估衡量了概念为本学习的所有维度：学生的"知道"、"理解"和"能做"，从而构建了更准确的学生学习信息。

当我们能够将各种数据点看作我们的"教学之友"时，它们就能成为改善学校的有力工具。但是，为了推广这种思维方式，我们需要准确的证据，且这些数据能够反映学生朝着概念为本课程学习目标前进所取得的进步。没有比看到自己劳动成果的有效证据更能激励教师的了。这是概念为本的学习实现持续成长的最好方法！

五、问题讨论

1. 学校如何为概念为本课程的实施做好最佳准备？

2. 为什么校长、教学领导和教学指导员都需要理解概念为本的课程和教学？他们不这样做会有什么后果？

3. 你的学校目前正在收集和分析哪些类型的学生表现数据？评价是否从内容和关键过程两方面来考察学生对概括的理解？

六、总结

为课程实施设立阶段可以为每个人起个好头。同样重要的还有要提供高质量的专业发展培训。美国很多学校经常信誓旦旦地说要进行持续的专业发展培训,但是没有付诸实施。这也是概念为本的课程实施不利和无法持续的主要原因之一。校长、教师领导和教学指导员有责任防止这种情况发生。

我们(埃里克森和兰宁)最近一直在美国和世界各地的工作坊中帮助教学领导和教学指导员解决如何为概念为本的教和学提供最佳支持。我们发现这些对话令人兴奋,前途光明且颇有收获!对于概念为本的教和学,如果教学领导能在课堂内提供工作场景下的嵌入式培训,那么教师的理解就能取得飞跃进步。学校提供这种支持时,应当为其设定清晰且具体的目标要求,这样才能达到高效而温和的效果。

在帮助教师实施概念为本的课程时,教学领导和教学指导员首先应当着重讲述概念为本的教学所聚焦的学习类型。明确了概念为本的课堂中应有的学生学习表现时,讨论重点就转移到如何组织好环境,设计好课程来达到学习目标。在一节课中,如果学生学习和理解达不到预期目标,那么应当调节或重新考虑教学策略/技巧。有效的概念为本的教师在备课时会时刻牢记学生的学习目标[他们应"知道"、"理解"和"能做(的技能)"]并不断搜寻学生回应的证据。

第九章 关于概念为本的课程设计，区域领导需要理解什么

第五章中，我们讨论了学习哪些内容才能让我们成为概念为本的教师。第八章我们讲述了支持概念为本的教学和学习，校长和教学指导者们在学校内应当做什么。本章主要讲述区域领导力。我们希望表达的是，如果希望教学和学习转型能够持久而成功，那么课堂、学校和地区应当协同一致，形成有机系统。达成这一点之后，家长、社区成员，尤其是学生，才能了解整个系统的文化。

　　当然，丰富而有意义的课程，如概念为本的设计，不是学校改革的唯一答案，但它是关键一环。区域课程是界定系统内工作、价值观和行为的基石。实施课程并密切关注学生的学习表现是教师的工作。定期监测和支持教师实施课程并跟踪学生进步是学校领导的工作。中心办公室领导必须始终清楚学校正在发生的事情。什么样的集体努力能够改善学生的表现，进而让他们对未来做好准备，区域课程和区域的其他关键部分要在这一点上一致起来。一个有价值的区域课程能够提供：

- 对大家明确的要求；
- 专业对话的共同焦点；
- 选择资源的标准；
- 决策的依据；
- 带动家长和公众的持续参与。

> 区域课程是界定系统内工作、价值观和行为的基石。

一、区域领导讨论概念为本的课程与教学

我们访问了三名来自不同区域的领导，他们分享了一些实施概念为本课程的经验。我们提出的问题包括，"你是如何支持概念为本的课程改革的？""得到了什么教训？""你是如何保持持续的动力并构建起系统的能力的？"这些领导的分享反映了他们实施概念为本的课程与教学时，不同类型的系统所面临的挑战。

第一个分享案例来自詹妮尔·霍凯特。詹妮尔是伊利诺伊州威灵市第21综合学区的社区学校改进会的主任。这是芝加哥郊外的一个从幼儿园至8年级的学区。学区系统内大约有7000名学生。就种族构成（依据州界定的术语）来看，第21学区的学生和家庭构成为：46%白人、2%黑人、43%拉美裔、6%亚洲/太平洋岛民、0%美国本地人和2%多种族/民族。平均每日出勤率为95%。约36%家庭被归类为低收入家庭，英语能力有限（LEP）的学生占人口总数的37%。第21学区的家庭操着几十种语言，有许多忧虑，但是本地区还是长期坚持实施了概念为本的课程。以下是詹妮尔的故事。

> 我们学区工作的前提就是，学生能得到教育工作者团队——专业学习共同体——的最佳服务。相互协作不仅发生在我们内部，而且还发生在学生和家长之间。总之，这些团体都在致力于提高学生的学业水平，激励学生致力于自我的终身学习。

在这个模式中，学区领导还必须相互协作，从而形成共同愿景，聚焦重点领域，采取行动，将愿景转化为现实。学区领导的关键作用是服务他人——实现途径包括有效的沟通、能产生影响的专业发展、明确的指导，以及持续的支持。

> 我们再也不能按照我们小时候接受教育的方式来经营学校了。
> ——詹妮尔·霍凯特

作为区域团队，我们希望专家为未来教育铺平道路。我们的责任就是为所有员工提供机会，来理解区域举措如何整合在一起，形成一种每天"做事"的文化。比如，概念为本的课程与教学模式和真实学习之间存在着千丝万缕的联系，要抓住这些问题，才能为我们的学生提供他们应得的教育体验。

我们再也不能按照我们小时候接受教育的方式来经营学校了。正如威尔·理查森（2012）在《为什么是学校》一书中所述，"我们的世界变了，而且还在持续而迅速地经历着激烈的改变，不仅是我们学习的方式变了，而且我们的孩子未来发展所需要的技能、素养和品格都在发生着深刻的变化。"

理查森先生继续指出，学校的目标需要改变。

这些阐述实际上聚焦于首先将孩子培养成学习者，让他们游刃有余地取得成功。学校的目的是帮助学生适应未来的世界，而不是我们过去生活的世界。

在这种课程中，学生不再需要学习那些随处可得的信息或知识。学生们需要学会提问，学会和他人合作去寻求问题答案，脚踏实地做出令人赏识的成果，为正在形成的知识大厦添砖加瓦，而不是单纯索取。在这个充斥着信息和联系的世界中，学生们需要发展那些深层次的、终身学习的习惯和品格。

概念为本的模式是确保学生获得超越事实的真实学习体验的有利工具。无论什么时间，各种信息唾手可得，我们需要做的是让学生利用手头的信息去挑战一些有意义的事情；提问和回答概念性、激发性的问题；解决实际问题；与真实受众协作与创造。作为区域领导，我们需要将这种愿景传播到课堂中。我们需要身体力行地告诉其他人，我们为了实现这一愿景所做的工作对于学生的未来成功极其重要。

我们与林恩·埃里克森的合作可以追溯到20世纪90年代中期。通过与林恩的合作，我们设计了教学单元，并实施了概念为本的课堂教学。我们中很多人通过身体力行的备课与教学继续致力于回答课程中的"那又怎样（so what）"。然而，这些年来，尽管我们的课程框架在书面上是概念为本的，但是还是有很多因素制约着我们高质量的课堂实施，诸如《不让一个孩子掉队法案》（2001）、各种消耗和一系列新的倡议都制约了我们的进步。

领导必须每天都时刻关注课堂内一分一秒的教学工作，这是非常重要的。纸上谈兵是不够的，提供"一劳永逸"的在职培训也是不够的。在持续接受挑战、珍惜每分每秒的同时，我们也在努力确保地区层面的决策推动理想走进现实。

在过去，我们：

- 与林恩·埃里克森合作，提供专家培训；
- 利用"培训者培训"这个模式为大量的工作人员提供持续的专业发展机会；
- 通过暑期学院课程，团队可以共同开展概念为本的单元设计，由此提供教师深入应用的机会；
- 设定一个地区性研究日，这一天所有员工都参与到概念为本课堂示范中来；
- 通过建立与分享针对概念为本的课程与教学实施的量规，明确本地区要求的课程设计和教学是什么样子的；
- 为学区里的新教师简要介绍概念为本的课程模式；
- 通过我们与伊利诺伊州立大学合作的PDS（专业发展学校）项目，为实习生提供专业发展、课程撰写体验和应用机会。

目前的努力/未来需求：
- 吸引校长与其他的学校领导参与到课程设计过程中来，这包括课程撰写体验以及基本理解的提升；
- 以专业学习共同体（PLCs）重点领域（参见如下的真实性学习重点领域）为中心继续优化地区和学校改革工作；
- 进行头脑风暴，探讨所有的学区 PLC 重点领域之间的联系，包括概念为本的课程与教学为何是关键组成部分；
- 给校长和其他区域领导提供渗透了概念为本的课程与教学原则的真实性学习单元设计培训；
- 邀请林恩·埃里克森和她的同事开展为期一周的夏季培训，重新唤起教师对概念为本的课程和教学的热忱；
- 激励学校领导和团队在整个学年中持续专业对话；
- 重温概念为本的量规，在夏洛特·丹尼尔森的教学框架基础上，将这些因素纳入区域专业评估计划中。

与以上的努力相配套的还有我们继续改善地区标准和课程框架，使其与《共同核心课程标准》紧密相连。在接受该标准最有意义的方面（严谨度加强，着重信息素养等）的同时，我们将不断地避免"浅尝辄止（一英里的宽度，一英寸的深度）"的课程。我们绝不是一股脑的什么事情都是"共同核心"，而是重视对标准有主有次的策略性使用，和真正的面向所有学生的真实性学习体验。这需要我们每一层组织都认真分析我们的实践。

- 日常课堂教学的现实是什么样的？
- 怎样做才能使我们系统的每一个成员都充分理解本地区的愿景，并采取行动将这一设想变成现实？
- 作为区域领导，怎样的做法会导致不必要的障碍，为学校领导实现愿景增加难度？

- 怎样做才能最好地支持学校领导,让他们能够聚焦于提升全体教职员工的教学能力?

如果我们完全理解和积极拥抱概念与基本理解的重要性,我们就会越来越渴望超越课本、工作表和过去的以教师为中心的课堂实践。明天的青年需要的是引人入胜的学习体验,这种学习体验以概念为中心,以实际的问题为驱动,通过创造真实作品来解决问题,并和真实的受众来分享。如果我们能够实现这个愿景,那么就能确保我们的学生会进入到一个我们梦想的未来。

图9.1 学习21(Learning 21)原则

当课程与校外的世界相关并适用时,学生就能实践重要学业技能,发展学习者素养,学习全球课程,创造有真实目的的真实作品,进而改变当今的世界。

当评价能够提供丰富的信息时,学生将理解并建立个人优势,改善弱点,制定目标,并成为自己学习的主人。

当创造了社会与情感的联系时,学生将能够发展发散思维,与他人产生共情,并能够真实地表达自己。

当学生能够随时使用工具和资源时,他们有机会随时随地表达自己并与他人交流学习。

当存在创造和革新的文化时,学生们就能主导自己的学习,运用更高层次的思维能力,创造新颖的解决方案,并能够主动地分享他们的知识和作品。

来源:综合社区21学区

另一位区域领导是玛西亚·卢肯,作为罗德岛詹姆斯敦的一个小的从幼儿园至8年级的教育系统的主管,她表达了自己独特的观点。罗得岛詹姆斯敦是一个拥有大约6000人口的小镇。该区域人口同上述詹妮尔·霍凯特所在地区的人口形成了鲜明的对比。詹姆斯敦学区拥有学前至8年级,入学人数为498名。有两所学校提供学前班到4年级的教育，学前班和全日制幼儿园是合并在一起的。中学有5至8年级的学生。詹姆斯敦小镇有部分高中学生（约200名）在附近的高中付费上学。10%的学生有资格享受免费午餐，其人口占比是93%白人，3%亚太人，1.5%黑人和1.5%拉美裔。

当我决定从马萨诸塞州地方学区的局长职位退休并搬到罗德岛州海岸生活时，没想到自己的退休生活仅仅持续了不到一天，我就成为了一名兼职局长，为一个小型学前至8年级的学区服务，这个学区坐落于风景如画的纳拉甘西特湾中央的一座小岛。那时候，2007—2008学年才刚刚开始，虽然学生的成绩水平停滞不前，但是罗德岛教育部门把这个地区归类为成绩优异地区。教师们认为没有理由改变他们正在做的事情。大家把本地区采用的本州年级要求和项目当作"课程"。问责制和教师评价几乎不存在。

在过去的27年中，我在三个不同的新英格兰州（康涅狄格州、马萨诸塞州和罗得岛州）曾担任过各种领导职务（小学校长，课程、评估和专业发展主任和局长）。很巧的是，我正好碰上了每个州的"教育改革"。这三个新英格兰州都比较小，而且相互接壤。大家可能会错误地认为（我曾经也是这么想的），这三个州的改革方式肯定差不多。但实际情况完全不是这样的，所以我知道了，虽然研究成果可以为地区领导提供一些指导，但是各州规定、授权和问责标准所施加的外部压力，导致了各州当地的教育机构的做法各不相同。除此之外，就我领导过的学区来看，每个区的管理人员和教师在理解复杂的改进计划和相关需要方面也表现出了不同的水准。外部力量对地区的影响也是很重要的。当地的历史条件和背景因素也很重要。当确定推进路径，并在全地区范围内从当前课程模式转向概念为本模式的过程中，如果在计划中仔细考虑诸多背景要素，则更容易成功。

其中我所学到的一课是，局长首先需要理解，在她（他）的地区成功改进教学与学习所需要的思维的根本性转变，这种转变是从传统的、聚焦于事实和技能的、主题为本的二维课程模式，转移到林恩·埃里克森的聚焦于学科内容深层次可迁移性理解的三维课程模式。你需要评估区域层面和学校层面对这种范式转换的准备程度，你也需要开发有效的实施和支持计划，而你的这两方面的能力则依赖于你的理解。赫尔曼和斯特林菲尔德在《教育所有孩子的十种大有前景的项目》一书中说道，他们观察到一个现象，某些超越特定的改进行动的局部变量在促进或阻碍成功实施变革方案方面发挥了很大的作用，这个结论是依据25个学校做出的（Herman 与 Stringfield，1997，127-128）。

一项支持计划，其中很关键的一个方面是，你对这项支持抱有极大的热忱，只要需要，你就愿意在各个层面上为大家提供持续的高品质的专业发展培训。首先要从区域内的所有教育领导开始，包括你自己、学校校长以及那些将来会协助课堂实施的教师领导者。你不可能指导你搞不明白的事情。人们早已达成一种共识，即教师、校长和局长的学习和发展都是同时发生的，有效的专业发展原则适用于所有这三种人，有效系统会将这三种人的专业发展视作是相互关联的（富兰，1991）。我认为教育和教学领导仅会支持那些自己完全理解并高度重视的举措，但是，你可能会发现，你的校长们对这种模式转变的预备状态是循序渐进的，如同教师一样。差异化教学和支持不仅对学生很重要，对成人的学习也是一样的。因此，为期几天的夏日静修，可以提供一个宁静的协作环境，让领导课程改革、事关课改成败的人在这里持续地学习、质疑、思索、争辩，理解概念为本课程的重要性并最终接受该课程。同样，你可以有机会去倾听、学习并评估你的领导团队的优势和能力，引导他们去理解概念为本的课程和教学与目前做法之间的联系，以及如何改进。然后，你的持续关注，你所构建的充足的物资、协作计划时间、领导培训、最小化联盟、契约化限制等支持性环境，对于成功地实施概念为本的教学与学习将起着基础性作用。

要求你的校长们关注你的言行、你的决定以及你对他们所做的艰难工作的支持，并且准备好多次地回答这个问题："我们为什么要这样做，它的价值在哪里？"

从担任多个地区领导的经验中，我总结出一个教训，无论在哪个州，当地的环境是怎样的，在实施持久的行动时，局长和中心办公室的领导（如果有幸有几个的话）所提供的持续性支持是很重要的。概念为本的课程不是你可以"快速入门"然后就移交给校长的一项行动。你要将概念为本的课程与教学作为地区首要事务，并时时将其放在优先位置，抓住机会将其变为现实。我相信，如果能够做到以下几点，局长能够大大增加成功实施课程的可能性：

- 提出这样一个愿景，为所有学生提供更需思考力的教学，而不是像之前那样；
- 不断重申这种需要，为所有学生提供具有挑战性和更具意义的课程和教学；
- 破除阻碍差异化教学和评估的障碍；
- 为地区和学校领导提供坚定的支持，并让他们理解这项重要工作的意义。

依据富兰的观察，"能够带来改变和能够带来改进是两回事。变化无处不在，但改进则不是。如果我们不改变自己的观念并设定行动计划，那么越是改变，越是什么都改变不了"。（富兰，1991年，第345页），这段话是他在二十多年前写的，放在今天来看仍然振聋发聩。

《共同核心课程标准》（CCSS）和《下一代评估》（NGA）要求全国范围内各个地区重新思考并重新设计他们的课程、教学和评估，以确保学生在更复杂的智力水平上开展学习。CCSS和NGA所要求的课程、教学和评估的改变又一次为我们提供了改进的机会，而且它们还提供了一个机会，让我们通过引入（展开）概念为本的课程与教学，帮助校长和教师们理解新标准。改进教学的工作永远不会结束。希望我们每个人离开学校的时候，学校的状况要好于过去。

最后，金·罗斯特是爱荷华州波卡洪塔斯草原湖泊 AEA 8（Prairie Lakes AEA 8）的一名专业服务管理者，她分享了在接受该机构服务的学校中开展概念为本的课程的经历。草原湖泊 AEA 是爱荷华州九个教育机构之一。它占地 8000 平方英里，面积超过了特拉华州（2489 平方英里[①]）、康涅狄格州（5543 平方英里）和罗德岛州（1545 平方英里）。草原湖泊 AEA 服务区域相当于新泽西州（8721 平方英里）。接受该机构服务的 44 所公立学校和 11 个认证的非公立学校接收了超过 32000 名学生。在金·罗斯特和她同事的领导下，爱荷华州的西北部将概念为本的课程与教学变为大家的日常用语，并将其融入教学实践中。

> 草原湖区教育机构运作系统与爱荷华州教育部门以及大约 50 所乡村学区开展了合作。他们经常召开各种会议，各利益相关者通过会议可以提出他们对本项工作的畅想。根据所有这些对话，我们制作了下面的图表，来辅助解释持续不断的变化。左侧的三个 V 形线条表示，在实施《共同核心课程标准》《爱荷华州核心课程标准》的同时，整合概念性理解的教学与学习的必要步骤。
>
> 各个学区都关心核心标准的实施，因为这是由爱荷华州立法要求强制实施的。大多数教师在实施核心标准的时候，都将它视作一种标准参照课程，现在，将其过渡到标准本位的课程，这是一个重要转折。我们想说，即使教育工作者知道《爱荷华州核心课程标准》(V 字形 1) 的内容，仍存在这样的危险，即大家没有完全弄清楚知识的结构（埃里克森）和过程的结构（兰宁），而是把它当成一种传统的、更倾向于教科书本位的课程。我们意识到，如果教育工作者不能运用这些理解来协同撰写课程单元，那么教学很难有什么变化。

> 我们想说，即使教育工作者知道《爱荷华州核心课程标准》的内容，仍存在这样的危险，即大家没有完全弄清楚知识的结构（埃里克森）和过程的结构（兰宁），而是把它当成一种传统的、更倾向于教科书本位的课程。我们意识到，如果教育工作者不能运用这些理解来协同撰写课程单元，那么教学很难有什么变化。

---

① 1 平方英里约等于 2.6 平方公里。——译者注

许多地区组建了协会，在学年中设置几天的专业培训时段。这样可以使我们不仅能学习《共同核心课程标准》《爱荷华州核心课程标准》，还能将概念性的教学与学习融入其中。我们下一步将在 2013 年夏季组织四天的工作坊，让同年级的教师们一起进行概念为本的单元协作备课。这样教师就可以在 2013 年的第一个学期进行同步的实施了。这项计划可以让 AEA 顾问、校长以及教师之间相互理解，大家都学会如何进行概念性授课。在实施过程中，单元设计者会改进这些单元并发布出来与大家分享。随着这些实践的共同体持续地进行单元设计、分享并改进，项目会不断推进。这种集体的大规模努力会让我们更加坚定教育改革的信念。学生面对的世界会要求孩子们进行"思考"，而这种要求超出了过去传统教育的能力，为了维护并丰富我们的民主体制，巩固我国在全球社会中的地位，改革势在必行。

图 9.2 实施《爱荷华州核心课程标准》

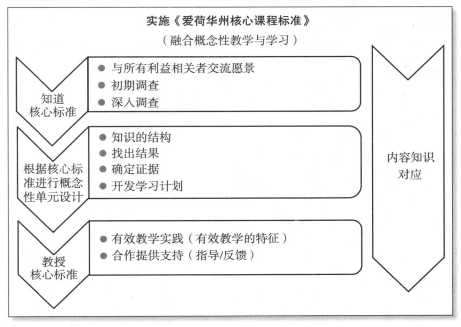

来源：金·罗斯特

二、问题讨论

1. 这些地区领导提供了哪些重要的经验教训和/或建议？
2. 地区领导是如何加快将传统二维课程转变为概念为本三维课程的？
3. 这些领导描述的变化过程中的关键要素是什么？

三、总结

三位地区领导所表达的共同部分是动态的、前瞻性思考的**领导力**。建立并保持概念为本的课程与教学的影响力需要领导者采取一种深思熟虑、执着、以人为本的领导风格。领导力是关于培养他人的能力，是关于持续改进学生表现的心智，是大家同舟共济的观念。这份工作饱含我们期待学生获得未来成功的全部激情与热忱。组织之中的所有人都讨论概念为本的课程与教学的"工作"，并积极寻求学生深度理解的证据。

世界性问题正在变得越来越复杂，通过吸收历史的、基本的、可迁移性教训，让学生形成概念性思维（conceptual mind），这种思维让学生既具适应性，又能够深思熟虑，因而可以积极应对世界的这种复杂性。我们现在进入第十章，来结束本书内容。

第十章　总结与未来

我们在结尾处引述开头的话——我们鼓励大家变革课程与教学的设计，点亮孩子眼中的光芒。这种光芒闪烁着探究的精神，迫切地寻求各种问题的答案。这种光芒似乎在呼唤着："我热爱学习！我热爱思考！"

在本书的最后，让我们用"织布机"上的经线和纬线一起编织一件三维的概念为本的织锦，并使之串联、拓展前述章节之中的理解和观念。

一、课程与教学：经线

概念为本的课程是三维的，它利用事实性内容和技能来支持能够跨时间、跨文化、跨情境迁移的概念和概念性理解。知识结构和过程结构描绘了事实、技能/策略/过程和相关概念之间的关系。概念结合在一起形成一种表达概念性理解的陈述——跨时间、跨文化、跨情境迁移的概括和原理。每个学科都有一个概念性结构，而课程编写者的任务就是为教师提供一个清晰的结构，明确学生在这个框架内应当"知道"、"理解"和"能做"的内容。清晰的概念为本的框架能够协助教师设计课程单元和日常教学计划，以实现高质量教学，同时，这个框架还能帮助教师宏观掌握过去和未来的学习。它为学生打开一片广阔天地，引导他们达成超越核心课程的知识和理解。

概念为本的教学是一种艺术，也是一种科学。说它是科学，是因为教师能够利用概念为本的课程来促进学生的思考和学习。说它是艺术，是因为每个教师为学生设计的学习体验都各不相同。概念为本的教学是一种非常有效的教学法，它要求教师主动思考并清楚地理解概念性教和学的目标要求教师从传统的教学窠臼中跳出来。概念为本的教学一般来说是引导式的——它会利用事实性的、概念性的和激发性的问题来使学生协作（有时候是独立的）去探究有趣的、相关的或要求的问题，发展学生的思维。这种教学并非以事实性知识为最终归宿，而是指向深层次的概念性理解。教师们通过对学生们的"知道"、"理解"和"能做"开展形成性评价来调整教学，并制定差异化的策略来支持学生，帮助他们达到基本要求。

二、概念为本的学习：纬线

概念为本的课程与教学存在的价值是促进高质量的学生学习。"全人教育"包含很多方面：社会情感性成长，身体发育和健康，积极的心智健康、自律能力和效能感，以及其他促使学生成长为深思熟虑的负责任的终身学习者的因素。由于篇幅限制，本书不可能详细地论述所有的方面，但是毫无疑问，两位作者的研究的确支持"全人教育"的发展。本书着重描述概念为本的课程、教学和学生学习，因为我们相信它能够对学生的学习和思考质量以及教师的教课水平产生巨大的影响。

对学生而言，概念为本的学习具备智力和情感的激发性，因为教师重视学生的思考，并使之出现在课堂上，使课堂成为充盈思考的场所。学生明白犯错误是被允许的，因为犯错才是真正的学习。让学生感受到他们是班级学习共同体的重要成员，并让他们因深入思考和努力与他人协作而得到认可。我想，没有什么事情比这两者更能够激发学生获得成功了。概念为本的课程、教学和学习就像织物的丝线，它们顺滑地相互交织在一起形成一件织锦，而这件织锦重视每个学生，将其看作独立的人、思考者和学习者。

三、前方的路

我们的世界正在发生变化。世界是一个相互作用、相互依存的有机体。现在的工作要求员工拥有跨岗位迁移的技能。21世纪技能需要员工具备更高水平的思考、问题解决和沟通能力。科技带动了各行各业,而这也要求员工能有效且高效地利用科技,信息以惊人的速度增长着,我们的教育手段不能再停滞不前了。

两位作者认为教育正处在一个激动人心的十字路口。美国的《共同核心课程标准》,全球越来越多的对概念性理解教学的关注,以及来自世界各个角落的教育工作者现在能够在一起相互协作、交流想法,这些都是当下及未来发展可见的场景。

毫无疑问,办学的目的就是帮助学生迎接生活。为了实现这一点,课程需要反映社会和环境的变化。也正因如此,概念为本的课程与教学对于教与学才如此重要。有了谷歌,我们动动手指就能找到事实性信息——所以,课堂时间用来记忆那些国家和首都的名称,或其他很容易获得的信息无异于浪费时间。我们并非要彻底地改变教师的教学方式,而是说,我们要采用新的方法来教导学生——更高水平的教学法和更高水平的学习。

概念为本的课程与教学、深度理解的教学以及概念和概念性理解的迁移构成了未来教育的重要方面。我们还需要促进跨文化理解,因为在茫茫宇宙中我们的世界是如此渺小。我们必须实现世界范围的通力合作,为后世子孙维护好这个星球。过去全国性的问题现在已然成为全球性的问题,如果看看教育的未来,那么肯定会得出一长串悲观的预测。两位作者认为事实并非如此,如果每个教师都能立志确保学生达到本书描述的学习目标,那么教育的世界会有根本性的不同。当概念为本课程成为某个系统的奠基之石,它将能够定义所要求的学习标准、教师教学的方式和内容、领导的领导方式、学生的表现证据以及员工发展培训……换句话说,内容和过程合力将创造更大的效益。

学校是一个复杂的系统。复杂性理论告诉我们,混乱之中存在秩序,一个复杂系统也是由相互依赖的元素构成的。对于复杂系统,我们还知道，小的变化可以带来大的改变（也叫作高杠杆）。

在教育孩子方面，在考虑所有这些相互关联的组成部分时，采用概念为本的课程可能看上去只是小小的改变，但是它带有高杠杆的作用，原因就是本书所描述的内容。此外，实现从传统到概念为本课程的变革会触发其他高杠杆的变化，例如，系统提供的员工发展培训类型。两位作者认识到，本书中表达的观点能够给予学校教师和领导一个清晰而积极的模式，即使出现妨碍教育的不确定性，这也能够给他们带来很大的方便和信心。在和全球各地的教育工作者合作的过程中，我们不断地听到他们忧虑的声音：现在我们似乎渐渐偏离了轨道，或者教学和学习支离破碎了。他们所关心的很少是关于传统教学实践的改变，更多的是关于教授高质量的课程以及与有勇气和毅力制定行动路线的领导的共同合作。

人类的体验远远超出了我们单个的学校和地区，全球的联系也会成为大型运动的催化剂。对于那些认可我们的工作价值并在课堂和学校内用我们的成果培养孩子心智的那些人，我们向他们致敬！对于专业的教育工作者来说，概念为本的教学是一种革命性的力量，而对于学生们来说更是如此，它能带领学生们收获未来的成功！

四、问题讨论

1. 我们的世界和当今的工作场景所面临的困难和挑战越来越要求我们将困难的情境从整体上看作是一个相互关联的整体，而不是分化的两极。你如何看待概念为本的课程与教学对学生处理整体与互联、具体与部分的能力所起的影响？

2. 在接受完12年义务教育之后，许多学生离开学校的时候仍然乏善可陈，这是为什么？

3. 什么能够打破问题2的循环？

4. 你对未来教育的畅想是什么样的？

资　源

资源A：概念为本的数学单元
资源B：概念为本的科学单元
资源C：概念为本的艺术单元
资源D：概念为本的世界语单元
资源E：概念为本的音乐单元
资源F：第七章修改后的学习活动

资源 A：概念为本的数学单元

概念为本的课程单元

年级：中学
单元号：1
标题：方程与方程组
日期：2013 年 4 月 13 日
作者：来自北卡罗来纳州费耶特维尔市的卡米拉·法尔

单元概述（用一段引人入胜的概述来为学生介绍本单元的内容）

方程可以用来表达各个数量之间的关系。在现实生活中，人们可以利用各种信息来创建一个方程，代表某种情形，例如，某项比赛的票价，或者某个银行账户挣到的利息。在本单元中，学生需要学会如何书写和求解方程与方程组，此外，还要求他们利用所学的知识进行推论，解决一些现实世界中实际存在的问题。

技术整合（教师或学生需要具备哪些技能才能使用这些技术？需要掌握多少有关互联网及其相关工具的知识？）

使用数字和录像机；
使用幻灯片演示软件；
使用在线工具输入方程或方程组并求解；
使用在线网站学习或复习关键词汇；
使用图形计算器来画出方程组的图形。

本单元中，教师和学生们需要大体掌握如何使用数字视频录像机来进行记录并回放。

他们需要理解如何输入方程组，并利用图形计算器显示的图形特征来求解并分析方程组和不等式。学生们需要熟练掌握如何上网，如何打开教师所给的链接，如何按照说明使用链接提供的工具。

本单元涉及的标准：

CCSS.Math.Content.HSA.CED.A.2 创建包含两个或两个以上变量的方程和不等式，并用它们来表示数量之间的关系；在坐标系中画出方程并注明标记和刻度。

CCSS.Math.Content.HSA.CED.A.3 利用方程（组）或不等式（组）来表示约束条件，并解释求到的解在特定的背景下适用还是不适用。例如，用不等式来表示某个不同食物组合的营养和成本限制条件。

CCSS.Math.Content.HSA.CED.A.4 利用解方程的相同推导方式，重新排列公式来强调某个量。例如，重新排列欧姆定律 $V=IR$ 强调阻力 R。

CCSS.Math.Content.HSA.REI.A.1 解释求解简单方程的每一个步骤：从上一个步骤插入的相等的数开始，并假设初始方程有解。用一个可行的论证来证明解法的准确性。

CCSS.Math.Content.HSA.REI.A.3 求解线性方程和不等式中的某个变量，包括用字母代表方程的系数。

CCSS.Math.Content.HSA.REI.A.6 准确地和近似地求解线性方程组（例如，使用图形），重点强调带有两个变量的线性方程组。

数学实践标准

CCSS.Math.Practice.MP1 弄清楚问题并努力求解。

CCSS.Math.Practice.MP2 抽象与定量推理。

CCSS.Math.Practice.MP3 构建可行的论据并评判他人的推理。

CCSS.Math.Practice.MP4 利用数学知识建模。

CCSS.Math.Practice.MP5 有策略地采用适当的工具。

CCSS.Math.Practice.MP6 注意精度。

年级：高中

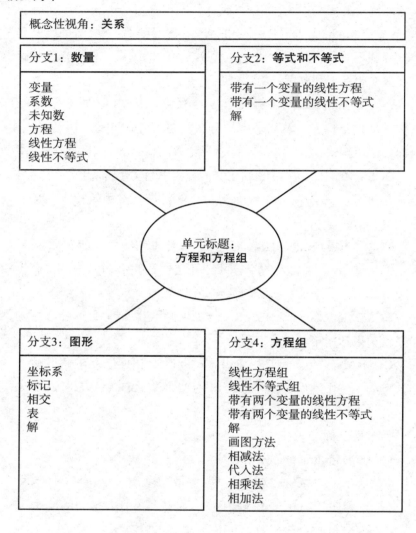

年级：高中

单元标题：方程和方程组

概括	引导性问题 （F = 事实性；C = 概念性；P = 哲理性）
带有一个或两个变量的方程表示数量之间的关系。	为什么方程中要用到变量？（F） 为什么有时候用变量来表示系数？（C） 你如何求解方程？（F） 为何检查特定情境下某个方程的解很重要？（C）
未知数、约束条件以及相互关系可以建模一个方程组。	什么是约束条件？（F） 一个关系中的约束条件的重要性在哪里？（C） 方程组/不等式组可以表示哪些种类的关系？（P）
表、图形和方程可以表示某个方程组。	表、图形和方程相互之间如何关联？（C） 线性方程图形和线性不等式图形之间的相似点在哪里？（F） 图形如何代表一个方程的所有的解？（F） 一个系统最佳的表示法如何确定？（C）
可以用适当的方法来求解方程或不等式以及方程组或不等式组。	方程组的特点是什么？（F） 如何确定求解某个方程组的最佳方法？（C） 什么情况下不等式比方程更适用？（C）
数量推理可以弄清特定情境下的关系。	什么情境下某个解可用？（C） 日常生活中需要用到哪些推理？（P） 利用方程、不等式和图形来进行预测的能力是如何影响现实世界的决策的？（P） 推理如何帮助人们对系统做出决策？（C） 为何评估初始情境下所有问题的解很重要？（F）

重要内容和关键技能

重要内容 学生需要知道什么	关键技能 学生需要能够做些什么
• 求解某个方程或不等式的步骤。 • 表示某个系统的多种方式。 • 求解方程组的不同方法。	• 创建表示数字或关系的方程。 • 求解方程，并将其作为推理的一部分。 • 创建带有两个变量的方程和不等式。 • 利用未知数、约束条件以及相互关系来构造一个方程组。 • 求解带有两个变量的方程组。 • 画出方程、不等式，或方程组、不等式组的图形。

年级：高中

建议时间表	建议学习过程	评估（建议和要求）	差异化教学（为实现支持和延伸）	资源
建议时间 2 到 3 节课；*注意：本时间表不包含自习课。	**1. 求解带有一个变量的方程和不等式：** 一个咖啡馆的主人发现茶订单的数量为咖啡订单数量的1/2。如果茶和咖啡的订单总数是138，请确定茶订单的数量。明确这个问题后，制定一个解决问题的计划，执行计划，并回头检查任何可能的解。 • 采访那些通过解决自己工作中的问题来改进公司工作的熟人。 • 列出8个有关这个工作的信息，这包括有关他们解决问题的类型，他们如何找到问题解决的办法，他们如何与他人沟通这个办法，并最终使用这个办法。 • 找个特定的日子，就来采访人员做一个角色扮演。在这个角色扮演中，你可以穿上这个人的衣服，制服或简单说明一下这个工作。	**3分钟讨论** 在学生们即将完成问题答案的时候，花3分钟的时间找个别同学进行讨论。 在讨论期间，学生们可以做以下内容的笔记： **自我评估：** • 优势： • 我需要继续加强的地方： **教师的反馈：** • 学生需继续加强的地方： • 继续向前推进的计划： • 现在我可以做什么？ 我可以从这里获得反馈：（按照以上的概要，然后给老师谈谈自己的想法。） **猜角色……** 为学生准备一张纸，用来猜测同学扮演的角色到底是什么职业的。	**重新授课** 如有需要，为部分学生重新授课。其中包括求解简单方程的模型并让学生完成练习题。在建模和练习之后，为他们提供一些简单的包含两件物品的情景问题，例如，纸和笔，热狗和汉堡等等。 **复杂度提升** 要求学生们回答以下问题或做以下事项： • 方程中的变量是否代表咖啡或茶的订单？ • 用带有变量的方程来表示其他订单类型并求解。 • 在对比方程、求解步骤和两个方程的解时，你注意到了什么？ **采访 / 角色扮演** 用准备好的录音来示范一下如何采访，然后用一个角色表演的视频来匹配这段录音。课堂角色扮演之前	

续表

建议时间表	建议学习过程	评估（建议和要求）	差异化教学（为实现支持和延伸）	资源
	就本工作以及该工作涉及的问题，提供至少 5 个提示来说明。不要告诉你的同学这项工作到底是什么，这样他们就会自己去猜测工作是什么。向全班同学解释这个问题与课堂学习的线性方程和方程组之间有什么关系。举一个具体的工作案例。	学生演示者 | 角色扮演中的职业 Tiny Timmee | Marlee Mouser |	教师可以收集一份职业清单然后提供给学生。在演示的时候，学生就可以从这个清单中选择一个。	
4 到 5 节课 *注意：本时间表不包含自习课。	2. 写下求解带有变量的方程组：你和你的同学主动提出给班里同学买披萨当午饭。你拿着收据回来时，你要和同学们分担这个费用。你一共花了 58 美元，买了 3 个中号披萨还有 4 份鸡翅。你的同学一共花了 61 美元，买了 4 个中号披萨还有 3 份鸡翅。 a. 一份中号披萨和一份鸡翅的价格是多少？ b. 如果全班同学只需要 5 份披萨和 6 份鸡翅，那么你和你的同学需要支付多少钱？	门口的票（Ticket in the door，一种教学策略） 课程开始时，要求学生求解一个线性方程，并比较一下这个方程和实际生活工作中的问题解决。 清单 收集门口的票作为学生学习的证据，如果学生知道了如何解决线性方程，并懂得了方程和实际生活与工作中的问题解决之间的联系，就在清单上记录。	引入关键术语的定义和例子 使用在线网站比如 algebralab.org 让学生复习本学习体验中的术语定义和概念（方程组、方程、变量、系数、解等） **使用在线资源促进学生理解** 使用在线资源比如 quickmath.com，学生按方程按钮后，他们可以看到方程和解。教师需要给学生一些实例让学生手动求解，然后使用在线资源查看方程或方程组的解。	Algebralab.org Quickmath.com

续表

建议时间表	建议学习过程	评估（建议和要求）	差异化教学（为实现支持和延伸）	资源
	3. 求解完这个披萨问题之后，研究一下三家当地披萨餐厅的披萨和鸡翅的价格。假设你现在要举办一次学校舞会，然后你需要给400个人提供食物。作为班长，你要向学生管理会和学校领导提出申请，为舞会的食物筹集资金。 a. 做一个幻灯片演示，提出你的诉求，包括你的研究信息。 b. 你需要购买哪种类型的披萨和鸡翅？你需要购买多少份披萨和鸡翅，一共需要花去多少钱？哪一家披萨餐厅的价格最实惠？每家披萨餐厅需要花多少钱？ c. 在一张幻灯片上列出每家餐厅的价格，然后决定去最实惠的一家购买食物。	<table><tr><th>学生姓名</th><th>可以求解线性方程</th><th>理解求解方程和解决问题之间的关系</th></tr><tr><td>Molly Green</td><td></td><td></td></tr><tr><td>Stephen</td><td></td><td></td></tr><tr><td>Lea</td><td></td><td></td></tr></table>**小组求解** 在一个三人小组中，学生们讨论如何列出方程，小组向全班同学演示问题和求解。学生们可以使用广播节目、录制视频、电视广告、传单或宣传册或任何其他可行的演示方式进行演示。 **总结性评估** 准备一个总结性评估，收集有关的数据，评估学生在列出和求解带有两个变量的方程组方面的学习情况。		

续表

建议时间表	建议学习过程	评估（建议和要求）	差异化教学（为实现支持和延伸）	资源
3 到 4 节课。 *注意：本时间表不包含自习课。	3. 采用适当的方法来求解方程组：时钟合作伙伴 在进行接下来的学习之前，为学生提供一个纸质时钟。在每一个小时的时针针旁画一个水平线。然后让学生们确定一个 10 点钟的合作伙伴和一个 5 点钟的合作伙伴。确定之后，学生将自己的名字写在合作伙伴的时钟上面。引导学生与合作伙伴一起完成以下学习过程。时钟合作伙伴的表可以从网上下载，以供参考。 将某个情境建模为一个方程组： a. 从课堂或在线资源中为求解方程组或不等式组的每种方法找一个实例。将方程写在纸条正面，答案写在纸条背面。 b. 找到你的 10 点钟伙伴，然后交换纸条。每个合作伙伴至少应当求解一道纸条上的方程。每个合作伙伴需要解释一下求解方程的步骤。	**总结性评估** 为学生提供一次包含 2 或 3 个问题的测验，检查一下他们对方程组或不等式组的理解。	提供方程组让学生进行选择。提供包含背景信息的不同复杂度的方程组。在四人小组中，学生们选择一个方程组和一个不等式组。一对学生检查方程，另一对学生检查不等式，并确定： • 你能使用相加法和相减法来解方程组吗？ • 你能使用相乘法来解方程组吗？ • 你能使用替代法来解方程组吗？ 求解方程组。画出方程组图形，并说出你在图形中的发现。 学生们在小组内讨论问题，并制作图表来展示如何用什么方法来求解某个方程组（或不等式组）。要求每个小组贴出图表。	时钟合作伙伴样本：Sciencenotebooking.blogspot.com/2009/08/clock-partners-file-download.html www.readingquest.org/pdf/clock_buddies.pdf

续表

建议时间表	建议学习过程	评估（建议和要求）	差异化教学（为实现支持和延伸）	资源
	c. 作为合作伙伴，编写一种可以用来表示一个方程的现实的情境。利用报纸、杂志或数字媒体找到其他能够代表线性方程的真实情况，把这些问题上传到合歌文档以供同学和教师查看并提出反馈意见。 d. 每位合作伙伴写下一个论点来证明解决办法的可行性，以及他们的想法和纸条上方程之间的关系。 e. 在笔记中写下对下列内容的思考：尝试画出以下图形 $4x-3y \geq 12$ 和 $4x-3y=12$。它们之间的相似点是什么？不同点是什么？ f. 找到你的10点钟伙伴，然后分析问题。 想出一个真实情况来代表κ方程组： a. 设计一张海报，说明该方程组的口头和代数形式。求解方程组，并书面解释这个解。	**总结性评估** 进行总结性评估，该评估应当混合了算法反映的问题，并能够反映学生们对求解方程组和不等式组的理解。		任校可打印图形纸： http://incompetech.com/graphpaper/ 在线图形计算器： https://www.desmos.com/calculator

续表

建议时间表	建议学习过程	评估（建议和要求）	差异化教学（为实现支持和延伸）	资源
	b. 至少找到两个商业、教育和政府等领域的实例模型。将这些模型写在信纸大小的纸上。在指定地点，将海报或纸质模型张贴到墙上，将海报或纸质模型张法折叠起来并装进一个信封里，把这个信封连同你的海报一起张贴起来。 c. 展示完所有的海报和纸质模型之后，所有同学可以浏览这些内容。按照教师提供的有关设计和创建海报的标准，每个学生可以使用便签来为每个案例提供描述性的反馈。			

最终单元评估

是什么（单元焦点）：

通过写方程和求解方程组来探索找到一个问题的合理答案。

为什么（主要概括）：

学生需要理解：数量推理能够帮助我们弄清楚特定情境下数量及这些数量之间的关系。

怎么办（有吸引力的场景/任务）：

你手机服务的原始套餐已经到期。既然可以更换手机通讯运营商了，你决定研究一下现在的公司（公司A）和其他公司的套餐。你的研究结果显示，最实惠的两家公司是公司A和公司B。

公司A月租是60美金，另外每分钟通话话费20美分，而公司B没有月租，但是每分钟通话话费为50美分。

选择最佳套餐。

a. 列出方程来表示每种套餐的花费。解释一下每个方程的含义。

b. 利用一组方程组来确定，多少分钟之后，两家公司的电话费会相同？画出图形并利用图形计算器来进行验证。两者相等时，电话打了多少分钟，电话费花去了多少？

c. 哪一种套餐比较好？解释一下为什么。

两两分组，研究至少三种电话套餐，考虑到语音、数据和短信等因素。哪一种套餐比较好？解释一下你为什么这么想。写下你认为这个套餐最好的理由。创建一个电视广告来推荐这个最佳套餐。在播放广告时，展示三种套餐并进行对比，同时，再利用调查过程中得到的数据来说服观众这种套餐是最好的。

评分指南：任务 —— 方程组

评分指南 任务：方程组		每项分值	自我评估	教师评估
标准	**内容**			
	准确列出各个方程来表示每种套餐的价格，并附有对每个方程的解释。	4		
	列出并求解方程组。	2		
	能够找出各个套餐消费相同的那个分钟数和消费值。	2		
	确定最佳套餐，写下选择的理由。	2		
	电视广告演示包括： 至少对比三种不同手机套餐并绘制图表。 支持所选最佳套餐的附加详细信息。	5		
	过程			
	解决问题的适当方法。	1		
	电视广告吸引观众。	1		
	三种不同手机套餐的研究证据。	1		
	学生完成项目的贡献显著而充分。	2		
	计分点： A =　　　　B =　　　　C =　　　　I =	总分：100		

来源：资源 A 的案例来自北卡罗来纳州费耶特维尔市的卡米拉·法尔

资源B：概念为本的科学单元

概念为本的课程单元

年级： 5年级

单元： 科学

标题： 生物圈中的生物生存

日期： 2013年3月25日

作者： 爱达荷州博伊西市的坦娅·伊拉姆

单元概述（用一段引人入胜的概述来为学生介绍本单元的内容）

　　生物圈就是生物生活的土地和气候。你知道吗？生物之间相互作用的方式非常特别——他们彼此依存。本单元中，我们会探讨生态系统的生物和非生物特征以及生物之间相互作用的种类。我们会看一下人类行为是如何塑造环境的。

技术整合（教师和学生需要掌握哪些技能才能使用这些技术？需要掌握多少有关互联网及其相关工具的知识？）

　　学生们需要学会上网和浏览信息。他们还需要学会利用桌面出版程序来设计海报，并使用文字处理程序来输入论文。如果需要，学生们还要使用Excel来为科学实验创建图形。学生们可能需要进入计算机实验室来为他们的表现性评价完成研究工作。

本单元涉及的标准：

　　CCSS.ELA-Literacy.W.5.1,

　　CCSS.ELA-Literacy.W.5.2,

　　CCSS.ELA- Literacy.W.5.3,

　　CCSS.ELA-Literacy.RI.5.3,

爱达荷州科学标准
Goal 1.1 5.S.1.1.1,
Goal 1.2 5.S.1.2.1,
Goal 1.3 5.S.1.3.1,
Goal 1.6, 5.S.1.6.2、5.S.1.6.3、5.S.1.6.7,
Goal 1.8 5.S.1.8.1,
Standard 3 Goal 3.2 5.S.3.2.1,
Standard 5 Goal 5.1 5.S.5.11,
Goal 5.3 5.W.5.3.1,
《下一代科学标准之科学实践标准》(Next Generation Science Standards Science Practice Standards)

年级：5 年级

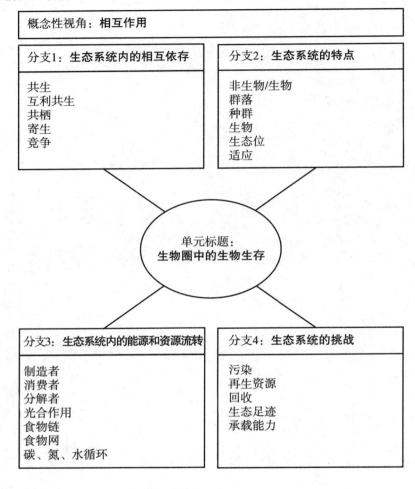

年级：5年级
单元标题：生物圈中的生物生存

概括	引导性问题 （F＝事实性；C＝概念性；P＝哲学性）
1. 生物和其他的群体共同生存并相互作用。	a. 什么是生物群落？（F） b. 什么是生物种群？（F） c. 生物类群（biome）的特点是什么？（F） d. 生态系统内的生物因素是什么？（F） e. 生物如何与生态系统中的非生物特征相互作用？（C） f. 为什么许多群落生活在特定的生态系统中？（C） g. 栖息地需要具备哪些特点才能适合生物生存？（C） h. 如果突然从生态系统中离开，这个生物种群会发生什么？（P）
2. 某种生态系统的变化（无论是天然的或人为的）都可能抑制生物与其他生物相互作用的能力。	a. 生态系统的自然变化有哪些？（F） b. 生态系统的人为变化有哪些？（F） c. 为了适应变化的环境，生物会做出哪些改变？（F） d. 墨西哥湾漏油事件中为什么会死去那么多鸟？（F） e. 新变种的产生如何影响生态系统内的生物？（C） f. 自然灾害可能会对生态系统平衡造成什么影响？（C） g. 适应性变化如何提升生物的生存率？（C） h. 某个生态系统中所有生物的需求都是一样的吗？请解释。（P） i. 在某个生态系统中，生物的所有种群一定都会在健康的环境中生存下来吗？（P）
3. 生物相互依存，同时也依赖各自生态系统中的非生物资源来满足基本需求。	a. 食物链能够呈现出什么样的关系？（F） b. 食物网能够呈现出哪些关系？（F） c. 环境中的能源是从哪里来的？（F） d. 消费者在生态系统能量传播中扮演什么角色？（F） e. 生产者在生态系统能量传播中扮演什么角色？（F） f. 能量如何在食物链中转移？（C） g. 分解者为什么对食物链很重要？（C） h. 为什么所有食物链都很相似？（C） i. 碳、氮、水循环在生物生存中扮演着什么角色？（C） j. 如果一部分食物链被消灭了，那么其他部分还能生存吗？（P） k. 没有来自太阳的能量，生物群体还能生存吗？请解释。（P）

概括	引导性问题 （F = 事实性；C = 概念性；P = 哲学性）
4. 通过生物种群之间的相互作用，生态系统得以保持平衡。	a. 在某个环境中，生物需要竞争哪些资源？（F） b. 什么是共生关系？（F） c. 随着时间推移，寄生物会对寄主产生什么影响？（F） d. 在某个生态系统中，群体之间如何竞争？（C） e. 在共生关系中，生物之间如何相互作用？（C） f. 寄生物如何从寄生关系中受益？（C） g. 人类和环境中其他生物之间的关系是什么样的？（C） h. 哪种群落中生物间的关系最有利于环境？（P） i. 为什么共生关系对生物有利？（P）
5. 生态系统中资源数量和种类决定了生存于其中生物的类型。	a. 一个生态系统中的哪些生物和非生物特点可以被视作资源？（F） b. 什么决定了栖息地的承载能力？（F） c. 哪些因素限制了生态系统内种群的数量和种类？（F） d. 生物生存需要哪些种类的非生物资源？（F） e. 生物如何从各自的生态系统中获取资源？（C） f. 如果某个地区生活着太多的生物，那么生态系统中的资源数量会产生什么变化？（C） g. 如果栖息地没有足够的资源，那么生物能做什么？（C） h. 环境中的资源如何循环？（C） i. 所有资源都可以循环吗？为什么？（F） j. 生物能够改变在特定生态系统中生存所需的资源类型吗？（F）
6. 人类活动可能会改变生态系统平衡，这种改变方式对其自身和其他生物来说，可以是有益的，也可以是有害的。	a. 哪些东西会污染环境？（F） b. 什么才能算作可再生资源？（F） c. 什么是生态足迹？（F） d. 人类如何在自己的环境中回收资源？（C） e. 人类行为如何对环境产生积极的影响？（C） f. 人类采取了哪些措施来减少对环境的污染量？（C） g. 人类资源利用和生态足迹之间有什么关系？（C） h. 回收那些被认为有害其他生物的资源，这是人类的责任吗？（P） i. 如果人类不关注环境资源，会产生什么后果？（P） j. 所有人类对环境的改造，对其他生物来说都是有害的吗？（P）

重要内容和关键技能

重要内容 学生需要知道什么	关键技能 学生需要能够做些什么
a. 生态系统是由哪些生物和非生物物理特征构成的？ b. 植物如何生产自己的食物。 c. 核心词汇：非生物，适应，草原，生物多样性，栖息地，生物类群，草食动物，生物圈，互利共生，生物，生态位，食肉动物，杂食动物，共栖，寄生，群落，光合作用，竞争，种群，消费，捕食者的猎物，分解者，生产者，清道夫，生态，共生，生态系统，食物链，食物网，可再生能源，资源，承载能力，限制因素，生态足迹 d. 生产者、消费者和分解者在食物网和食物链中的关系。 e. 生态系统变化（无论是自然的还是人为的）如何影响生物之间的相互作用能力？ f. 生物类群的特征。 g. 生态系统中的能量如何通过食物链从一种生物中转移到另一种生物中。 h. 如何将某个生态系统中的资源分类为可再生资源和不可再生资源；某些不可再生资源是可以回收的。 i. 为什么生态系统具有特定的承载能力且只能支持一定数量的生物？ j. 人类行为如何对环境产生积极或消极的影响？ k. 生物是如何根据栖息地的条件改变自己进而实现生存的？ l. 生物群落的规模和存续如何受到生态系统非生物和生物特点的限制？ m. 生物之间相互作用的类别，以及如何按照它们对其他生物的影响来划分它们？	a. 设计并开展一次科学调查。 b. 交流科学过程及其解释。 c. 如果子系统中一个或多个部分遭到破坏或缺失，那么预测一下这个系统会发生什么。 d. 指出一项调查要解决的问题。 e. 按照所给定的一个研究问题，设计出适当的调查。 f. 与其他学生相互协作进行实验，在使用实验设备和材料的时候，要选择合适的工具并小心谨慎。 g. 利用适当的单位、表格和图形来收集、记录并组织数据。 h. 得出一个科学调查结论，并用论据来支持这个结论。 i. 利用表格、图形或其他可视方法来准确并有目的地呈现数据，并向大家展示调查发现。 j. 利用适合本年级水平的数据分析工具来分析图表、表格和图形中的数据。 k. CCSS.ELA-Literacy.W.5.1 写出对某个主题或文章的看法，并利用具体的理由和信息来支持观点。 l. CCSS.ELA-Literacy.W.5.2 写出信息性/解释性的文章以解释某个主题并清晰地表达出自己的想法和信息。 m. CCSS.ELA-Literacy.W.5.3 利用有效的技巧、描述性的细节和明确的事件顺序来叙述真实的或假想的经历。 n. CCSS.ELA-Literacy.RI.5.3 以历史、科学或技术文章为背景，基于文章内的特定信息，解释两个或两个以上个体、事件、想法或概念之间的关系。

年级：5 年级

建议时间表	建议学习过程	评估（建议和要求）	差异化（为实现支持和延伸）	资源
30 分钟	制作一个概念网，描述某个生态系统中不同的生物和非生物特点，以及每个特点与生物种群生存的关系。	利用量规来作为工具未评估这个概念网。	学生们可以创建自己的概念网或使用预先制成的模板。	为学生们提供制图工具或纸张。
45 分钟	参加"北瀑布国家公园电子实地考察"（http://www.electronicfieldtrip.org/cascades/），观察国家公园的特点以及不同生物种群之间的关系，完成附带的复习工作表，该表可以从以下网址获取：http://sciencespot.net/Media/Cascades_WebWkst.pdf	检查工作表的完整性和准确性。	为有特殊需求的学生提供简化的工作表。	给学生到计算机实验室的机会，并提供给学生工作表副本。
1.5 小时	完成来自 WILD 项目的实验室活动"Oh Deer"（http://www.projectwild.org/documents/ohdeer.pdf），观看在自然界中不断变化的、动物群体是如何在保持平衡的过程中不断变化的。活动结束之后，学生们需要创建一个图形，显示每次游戏结束时所剩下的小鹿的数量，并为本次活动填写问题的答案。	利用量规来评价图形，就问题回答开展课堂讨论（形成性评估）。		室外空间，可翻页挂图纸与白板和书写材料。
2 天 1 天给特邀发言人（1 小时），1 小时在电脑实验室设计广告	完成来自 WILD 项目的广告，通过强调生物在某个生态系统特征生态位中的特殊作用，尝试将个体囊括到一个特殊的生态位中。http://www.yorkcenterforwildlife.org/pdfs/Ed_4th%20and%20up%20which%20niche.pdf	活动结束之后，利用全班共同开发的量规来评价广告，让学生们讨论有效广告的特点。		活动用品副本，进入电脑实验室的机会，纸张和艺术用品。

续表

建议时间表	建议学习过程	评估（建议和要求）	差异化（为实现支持和延伸）	资源
1小时	完成动物适应性研究附表，这份表格来自动物适应性研究网站（http://sciencenetlinks.com/lessons/animal-adaptations/），从这个网站观察生物如何改变自己以更好地适应生态系统，并实现自身的生存。	检查工作表的完成情况。	为那些有困难的同学提供简易的工作表。	给学生到计算机实验室的机会，并提供给学生工作表副本。
1小时	制作一张显示食物网的海报，利用箭头来表示食物链中生物之间的关系，并解释生物如何相互依赖从而满足基本需求。	检查海报的准确性。利用形成性评估技巧（例如，三颗星星一个愿望）向学生们提供作业的形成性反馈。	在多元能力小组中，学生们可以两两结对。	艺术用品。
15分钟讲课，30分钟游戏，20分钟提问，15分钟课堂讨论。	完成改编自WILD项目的"好朋友"活动（http://sciencespot.net/Media/GoodBuddies.pdf），探索种群之间的相互作用如何帮助生态系统维持平衡。	从实验室收集填写完毕的数据表格，活动结束之后，就某些问题开展课堂讨论。	在多元能力小组中，学生们可以两两结对。	游戏作品，数据表副本以及活动后问题。

续表

建议时间表	建议学习过程	评估（建议和要求）	差异化（为实现支持和延伸）	资源
1小时	制作一个多年来捕食者和被捕食者种群在一个生态系统中的数量变化的线图。依据图形的分析，得出被捕猎者减少的原因。有一个委员会认为捕食者的数量能够增加被捕猎者的数量，请你给这个委员会的成员写一个反馈，陈述你是支持还是反对这个观点。利用从数据表和图形中获得的数据，解释你的观点。http://pals.sri.com/tasks/5-8/ME406/	利用一个有两部分内容的量规来评价学生的图形和他们写出来的反馈。量规必须和CCSS相一致。	在多元能力小组中，学生们可以两两结对，并且（或者）为那些有特殊需要的学生提供一份带有问题的完整图表。	种群数据副本和坐标纸。提供给学生进入电脑实验室的机会。
1小时完成实验和问题，20分钟课堂讨论。	完成来自WILD项目的"鸭子背上没有一滴水"活动（http://www.projectwild.org/documents/NoWaterOffaDucksBack.pdf，观察怎样的生态系统变化（人为的或自然的）会抑制某种生物的生存能力。	让每个实验室小组报告实验情况，然后就活动的拓展问题开展课堂讨论。	在多元能力小组中，学生们可以两两结对。	食用油、浅容器、眼药水、放大镜、羽毛（天然的）；液体洗涤剂溶液（洗涤剂与水按照1：100配制成溶液）、熟鸡蛋。

续表

建议时间表	建议学习过程	评估（建议和要求）	差异化（为实现支持和延伸）	资源
3天阅读这本书，30分钟完成图表。	阅读完有关人类选择和环境健康之间关系的《老雷斯》（The Lorax）这本书之后，完成因果关系的图表。		让学生们选择他们需要使用的图表版式（例如，因果关系图或概念网）。	学生们用来完成图表的纸以及《老雷斯》副本。
20分钟设计步骤，40到60分钟完成实验，1小时完成图形，并输入计算机内。	设计实验，收集数据来确定，在4种吸油产品中，哪种产品最能清理泄露油，并且表明人类活动如何改变生态系统平衡，而这种改变方式对其自身和其他生物来说，可以是有益的，也可以是有害的。将实验结果用图形或图表表达出来。 http://pals.sri.com/tasks/5-8/OilSpil/	学生们需要完成基本的实验报告书，写明选择的步骤，讨论实验结果并分析数据。实验报告需要包含数据表格和图形。实验报告需要按照质量规范接受等级评定。	学生们可以在教师的指导下制定自己的实验步骤。	学生反馈表，用于油水混合的四个塑料盆，羽毛，海绵，长毛线，泡沫塑料片，4个泡沫塑料杯，水/油混合物（3:1）一个1等脱塑料容器袋，一个卷纸，一个250毫升的烧杯。

最终单元评估

是什么：（主题）探索……

生态系统的非生物和生物特点，以及生活在其中的生物群体之间的关系。

为什么：（概括）

学生需要理解，在生态系统中包含着与其他种群在群落中聚居的生物。

怎么办：（真实表现）

你是一家自然史博物馆馆长，为了纪念"地球日"，决定要展览地球上不同的生态系统。你负责为博物馆创建一个展览，让公众了解一个特定的生态系统，包括生态系统的一个真实造景或比例模型，同时，你需要标注出所有重要功能，包括该地区的非生物因素、植物和动物种群的种类、居住在该地区的群落、这些生物体之间是如何相互依存而得到生存的，其中要包括观众感兴趣的内容。博物馆希望你向本市的市长和其他要员做一个特别讲座，介绍并总结一下筹划展览过程中你的生态系统研究成果。你可以使用各种技术或多媒体来准备这份面向市政要员的演讲稿。

评分指南：任务——生物圈中的生物生存

	可能的分值	自我评估	教师评估

内容

- 展示完整而准确。
  - 所有展示部分内容齐全，标示完整。
  - 所有生态系统的非生物和生物特点都得到了准确的呈现。
  - 展示明确表现了生态系统中生物、种群和群落之间的关系。
- 面向市政要员的演讲非常到位。
  - 本次演讲准确反映了研究内容，关注了展示部分最重要的内容。

过程：

- 展示组织有序。
  - 信息表达清楚。
  - 布展空间使用合理。
  - 各种关系一目了然。
- 展示引人入胜。
  - 创造性的设计。
  - 摆放整齐有序。
- 演讲流畅而有效。
  - 精心排练。
  - 有趣，对观众有吸引力。

100

计分点：

A = 95–100   B = 88–94   C = 80–87   I = 80 以下

其他评估：差异化的工作表、简短提示（形成性评价）、词汇书、测验和考试。

资源：

http://scimathmn.org/stemtc/frameworks/5441-humans-changeenvironments

http://www.seattleschools.org/modules/groups/homepagefiles/cms/1583136/File/Departmental%20Content/instructional%20services/science/Unit%20Standards/EUS.pdf?sessionid=9943ca0a5731bd7833710fda9b0455e1

http://www.edison.k12.nj.us/cms/lib2/NJ01001623/Centricity/Domain/52/Curriculum%20Guides/Elementary%20Curriculum%20Guides/Science%20-%20Grade%205.pdf

http://www.livebinders.com/play/play?id=393767

http://www.connally.org/Page/2799

http://www.docstoc.com/docs/82231995/Ecosystems-Unit-Plan-4th

http://www.cotf.edu/ete/modules/msese/earthsysflr/summary.html

http://sciencenetlinks.com/lessons/animal-adaptations/

http://www.projectwild.org/documents/NoWaterOffaDucksBack.pdf

http://www.beaconlearningcenter.com/documents/313_01.pdf

http://www.beaconlearningcenter.com/Lessons/313.htm

http://sciencespot.net/Media/Cascades_WebWkst.pdf

http://www.projectwild.org/documents/ProjectWILD.pdf

http://www.projectwild.org/documents/ohdeer.pdf

http://gfp.sd.gov/outdoor-learning/docs/HowManyLionsCanLiveInThisForest.pdf

http://bbowers05.edublogs.org/ecosystem-projects/

http://sciencespot.net/Media/GoodBuddies.pdf

http://pals.sri.com/tasks/5-8/ME406/

http://www.yorkcenterforwildlife.org/pdfs/Ed_4th%20and%20up_which%20niche.pdf

K-12科学教育框架：实践、交叉概念和核心思想（2012）

科学教育协会（BOSE）

http://www.corestandards.org/

http://www.sde.idaho.gov/site/content_standards/science_standards.htm

教师批注：

资源C：概念为本的艺术单元

概念为本的课程单元

K–5艺术课程

年级： 3年级

单元号码： 1

标题： 艺术家即导师：罗梅尔·比尔登

作者： 康涅狄格州西哈特福德市西哈特福德公立学校的卡伦·列斯特博士

罗梅尔·比尔登 "The Block"

罗梅尔·比尔登 "The Block"。Art© 罗梅尔·比尔登基金会/授权来自纽约州纽约市VAGA

单元概述（用一篇引人入胜的概述来为学生介绍本单元的内容）：

你们已经了解了艺术家如何用色彩和形式来绘画。你有没有想过艺术家如何帮助我们了解历史上的人和事？想象一下，如何用形状、图画、质地或色彩来讲一个有关乡邻和小镇的故事？你是否想知道如何表现图画中的远近？本单元结束时，你就会知道文化和人是如何影响艺术家的。你将学会利用艺术技巧来表现深度。大家一看到你的艺术作品，就知道哪些是近景，哪些是远景，大家都会对你的作品赞不绝口的！

技术整合（教师和学生需要掌握哪些技能才能使用这些技术？需要掌握多少有关互联网及其相关工具的知识？）

　　需要登陆这个网站：http://www.metmuseum.org/metmedia/interactives/art-trek/romare-bearden-lets-walk-the-block 并开启声音。

本单元涉及的标准：

　　参见关键技能部分

　　如果想看到令人惊叹的色彩并仔细游览，请访问 http://www.metmuseum.org/content/interactives/the_block/guide.html。

年级：3 年级

概念性视角：**文化诠释**

分支1：理解艺术

混合画法
形状、颜色和质地
题材和观点
意义
艺术历史
文化目的和意义
历史重要性
城市风光绘画
关系

分支2：回应艺术

交流观点、感觉、经历和故事
反思
个人回应/联系
文化表达

单元标题：
**艺术家即导师：
罗梅尔·比尔登**

分支3：创造艺术

拼贴画（胶黏混合画法，包括在2D和3D空间内撕拉、裁剪和粘贴）
设计
城市风光绘画
质地
比例
前景和背景

分支4：评论艺术

进步的观点
艺术品的质量（基于标准）
独创性

年级：3 年级

单元标题：艺术家即导师：罗梅尔·比尔登

概括	引导性问题 （F = 事实性；C = 概念性；P = 哲学性）
1. 艺术家通过其独特的技术和创意来表达想法。	1a. 罗梅尔·比尔登使用了什么艺术手法？（F） 1b. 你认为罗梅尔·比尔登试图表达什么样的想法？（F） 1c. 艺术家如何通过他们的作品表达想法？（C） 1d. 人们对同样一件艺术品的看法是一样的吗？为什么？（P） 1e. 人们怎样通过很好地了解某位艺术家来帮助自己提高艺术作品的水准呢？（C）
2. 艺术作品反映某个阶段的文化。	2a. 什么是文化？什么是时间段？（F） 2b. 就罗梅尔·比尔登的创作时代，你知道多少有关当时文化和时间段的知识？（F） 2c. 艺术作品如何反应艺术家的文化？（C） 2d. 文化总是会影响艺术家吗？为什么？（P） 2e. 了解艺术家创作的时代文化背景很重要吗？为什么（C）
3. 一些艺术创作手法使用不同类型的材料或材料的不同部分来创造一个统一的整体。	3a. 什么是拼贴/混合画法？（F） 3b. 为什么有些艺术家利用不同质地的材料来创作？（C） 3c. 为什么罗梅尔·比尔登使用混合画法创作艺术作品？（F） 3d. 形状、颜色和质地之间的关系为什么很重要？（C） 3e. 比尔登的作品或画作有名的原因是因为他使用了混合画法吗？（P）
4. 比例赋予画面深度。	4a. 什么是比例？什么是深度？（F） 4b. 如何用混合画法表现深度？（F） 4c. 为什么艺术创作过程中创造深度的能力很重要？（C） 4d. 在"The Block"这幅作品中，比尔登是怎样表现深度的？（F）
5. 依据标准判断艺术作品能够提高艺术创作的质量。	5a. 判断拼贴画质量可以使用哪些标准？（F） 5b. 如何利用标准来提高艺术创作的质量？（C） 5c. 学习绘画技法以及文化对艺术家的影响能够帮助你进行艺术创作吗？为什么？（P）

重要内容和关键技能

重要内容 学生需要知道什么	关键技能 学生需要能够做些什么（"视觉艺术标准"来自"康涅狄格州课程框架"和"华盛顿州艺术学习标准"）
理解艺术 • 艺术家罗梅尔·比尔登 • 利用拼贴画/混合画法创造深度 • 形状、颜色和质地之间的关系 • 文化和历史影响 • 词汇——比例、深度、前景、背景、设计、质地、混合画法、拼贴画、哈莱姆区、爵士、城市风景绘画	**理解艺术** • 1.a. 各种材料、技术和工艺的区别 • 1.b. 描述不同的材料、技术和过程如何产生不同的效果和个人回应 • 4.a. 认识到视觉艺术有不同的历史和文化目的和意义 • 4.b. 辨别属于特定风格、文化、时代和地点的具体作品
回应艺术 • "The Block"讲述的故事 • 文化和历史的影响	**回应艺术** • 3.a. 讨论各种艺术内容的来源 • 6.e. 辨别并认识到视觉艺术作品是由工匠和艺术家在不同文化、时间和地点创作的 • 2.3. 通过观赏作品，能够积极地、有目的地理解这些含义 • 2.3. 描述一下你看到和感觉到的（感知/体验） • 2.3. 分析如何组织各种要素、原则、基础、技能和技术 • 2.3. 依据个人经验和知识解释作品含义
评论艺术 • 欣赏艺术的标准 • 向艺术家学习和艺术创作之间的关系 • 集体批判行为	**评论艺术** • 5.a. 找出艺术作品创作的不同目的 • 5.b. 使用视觉艺术术语描述艺术作品的视觉特点 • 5.c. 认识到不同的人对某个特定的艺术作品会有不同的回应 • 5.d. 使用视觉艺术术语描述个人感受 • 5.e. 找出在创作自己的艺术作品的过程中可能的进步
创造艺术 • 颜色、形状和质地之间的关系 • 比例和深度 • 拼贴画/混合绘画创作	**创造艺术** • 1.c. 利用不同的材料、技术和过程来表达思想、情感、体验和故事 • 2.c. 利用艺术要素和设计原则来表达思想

年级：3 年级

建议时间表	建议学习经验	评估（建议和要求）	差异化（为实现支持和延伸）	资源
单元介绍	通过播放来自纽约大都会艺术博物馆的互动视频，介绍导师和艺术家罗梅尔·比尔登以及他的作品"The Block"（见资源）。	学生找出文化元素。	有些学生可能需要结对学习。如果有难以裁剪的部分，给学生提供剪刀。以前学生作品模型。	http://www.metmuseum.org/metmedia/interactives/arttrek/romare-bearden-lets-walk-the-block 各种各样的纸张：彩色的、平整的、有光泽的、金属箔的、带有纹理的、壁纸、报纸、作为黏贴背景的杂志。重新制作"The Block"。艾灵顿公爵和胖子沃勒的音乐。兰斯顿·休斯的诗歌。
	将音乐与那个时代和爵士乐相联系。（G#2）	学生找到音乐的影响。		
	阅读兰斯顿·休斯的诗歌："Jazzonia"或者"The Blues"。（G#2）	学生描述诗歌中的图画。		
单元期间	问全班同学，在社区/小镇上，他们看到了什么，听到了什么，经历了什么。	学生找出并记录下用来创作图画的社区/小镇元素。		
	向学生展示一系列不同的纸张、纹理和用到的拼贴技法，包括裁剪和粘贴技法。（G#1,3）	学生检查拼贴技法和材料（各种纸张、纹理和杂志）。		
	示范如何利用裁剪好的纸张来表现深度。（G#4）	学生选择不同的颜色、纸张和颜色的重叠和变化大小来创作图画。		
	示范粘贴之前如何规划/安排整个图画（社区或小镇）。（G#3）	学生需要利用形状来创作包括前景和背景的图画。		
	课堂上讨论一个典型的作品（良好的布局，确保大家都了解社区/小镇的文化特点和深度。（G#1,3,4,5）	粘贴之前再规划一下，征求教师和同学的意见。		
单元结束	让学生评论各自的作品，记住相关的标准，并认识到做出积极的、有建设性的评论的重要性。（G#5）	最终布置自己的拼贴作品：展现社区/小镇并呈现出比例。		

最终单元评估

是什么：

学生们将研究导师和艺术家罗梅尔·比尔登创作的拼贴画"The Block"，并创作自己的城市/社区拼贴画。

为什么：

为了理解比例能够赋予图像深度，艺术家通过他们独特的技法和创造性来表达想法。

怎么办：

我们之所以要向罗梅尔·比尔登学习，不仅因为我们要学习如何创造新的技法和材料，而且还要了解他经历了不同的时代，有着丰富的人生体验。他还研究过其他艺术家并且受到了其他作品的强烈影响。本单元中，我们需要向导师和艺术家罗梅尔·比尔登学习。

现在，你可以利用从比尔登那里学到的知识，以及你自己独特的人生体验、文化和各种技法来创作拼贴画，描绘你所在的城市和社区。你希望别人能够从你的作品中获得哪些信息？

你可以利用各种材料和粘贴剂——彩色或带纹理的纸张、彩色贴膜、杂志、报纸和墙纸来表现城市/社区的形象，运用所学的知识来表现图画的深度。

你的拼贴画将在学校走廊中展出。你的同学会运用相关的批评技巧来评论你的作品。尽量发挥你的创新精神。

评分指南

	优异	熟练	崭露头角	开始
解释	论述个人的看法，体现出对艺术创作是一种沟通思想和文化的方式的理解。	展现出个人的理解：艺术创作是这样一种表达观点的渠道。	艺术创作体现出个人对城市风景的逐步理解。艺术传达的信息还不是很清晰。	艺术创作体现出个人对城市风景的初步理解。
技法	熟练运用颜色、形状、纹理、剪裁、撕扯和粘贴来体现城市风景。	熟练运用混合画法，包括剪裁、撕扯和粘贴来体现城市风景。	开始学会利用不同的材料来创作城市风景。体现出剪裁技巧和胶黏剂使用技巧的提高。	尝试使用剪刀和胶黏剂。
构图	熟练描绘前景和背景以及深思熟虑的布局，能够深刻理解比例联系。	通过使用前景、背景和背景布局，能够理解比例的概念。	尝试利用不同的材料来分层表现深度。整体艺术作品的图像比例很统一，有计划性。	尝试计划使用混合画法（将某些材料放在其他材料旁边）。
独创性	在某些理念上进行了非凡的结合或改变；与导师艺术家建立联系；展示出理解力和问题解决能力。	呈现出如下方面的证据：材料的非常规结合使用，理解导师艺术家的作品，以及问题解决能力。	初步显示出尝试／试验某些独创性或独特的做法。	依赖于别人创作出来的模型。

来源：资源 C 的案例来自卡伦·李斯特

资源 D：概念为本的世界语单元

概念为本的课程单元

世界语课程

年级：西班牙语 I

单元号：2

标题：让我们开饭吧！

主要作者：康迪涅克州明德市明德中学外国语教学领导帕特里夏·尤斯塔斯，以及本地区其他中学世界语教师。

单元概述（用一篇引人入胜的概述来为学生介绍本单元的内容）

在任何一种文化中，饮食都是日常生活的一个组成部分。传统食物如何体现某种文化？

你喜欢吃什么？你敢尝试不同类型的食物吗？你吃过西班牙、墨西哥，或拉丁美洲人的食物吗？

本单元中，你会学习到新的词汇、表达和语法，帮助你提升讨论食品、餐饮和文化异同的能力。你需要在迷你情境或对话中使用一些新的（和旧的）词汇与语法，来读懂西班牙菜玉米饼的配方，并和墨西哥的玉米饼作对比，研究一下波多黎各与西班牙食品（家庭作业），理解食品广告中的西班牙语对话。

本单元结束时，你需要掌握真实情境下点菜和沟通所需的语言，¡Buen provecho!

技术整合（教师和学生需要具备哪些技能才能使用这些技术？需要掌握多少有关互联网及其相关工具的知识？）

利用实物投影、互联网和相关网站来加强和巩固对本单元的理解。

本单元涉及的标准：

本单元依据康涅狄格州教育部门世界语内容标准设计。

年级：西班牙语 I

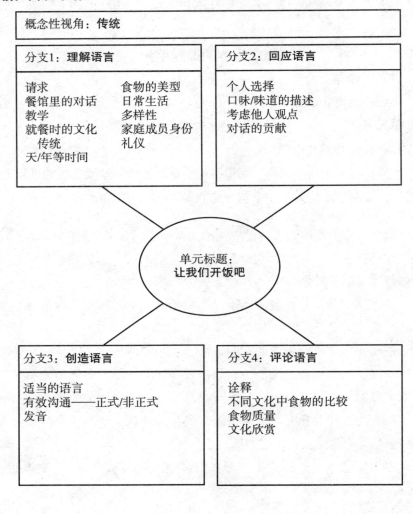

年级：西班牙语 I

单元标题：让我们开饭吧！

概括	引导性问题 （F = 事实性；C = 概念性；P = 哲学性）
1. 人们吃的食物反映了他们的传统和文化遗产。	1.1 早餐、午餐和晚餐你分别吃哪些食物？（F） 1.2 尝试来自不同文化的食物是如何帮助人们更好地理解相关的文化的？（C） 1.3 在餐厅如何点餐？（F） 1.4 在西班牙语国家如何与服务员交流，为什么？（F） 1.5 在西班牙语国家，固定吃饭时间是何时？（F）这与美国人用餐有什么区别？（F） 1.6 哪些是典型的西班牙人的食物？（F） 1.7 谁的就餐习惯更好，为什么？（P）
2. 在不同文化下，家庭成员在维护家庭与准备食物的过程方面所做贡献的传统也不同，这使我们更深入地看待不同文化下的生活日常。	2.1 对于在厨房帮忙准备食物你怎么看？（F） 2.2 你经常在家里帮厨吗？（F） 2.3 你知道哪些烹饪技巧？（F） 2.4 就家庭成员对日常生活的贡献，为什么不同的文化有着不同的观点？（C）
3. 有效的沟通依赖于准确的语法和词汇以及对文化规范的理解和尊重。	3.1 如何使用直接对象代词替换名词？（F） 3.2 你如何利用非正式肯定祈使句来让别人去做某些事情？（F） 3.3 普通祈使句和特殊祈使句之间有什么区别？（F） 3.4 语法和词汇（肯定式或否定式）是如何影响对话沟通的？（C）
4. 多元文化美食的普及反映了不断增长的全球化。	4.1 在大多数美国杂货店可以买到什么样的西班牙或拉丁美洲食品？（F） 4.2 为什么西班牙或拉美食物这么受欢迎？（P） 4.3 美国引入不同地区的烹饪方法（例如，相比正宗口味少一点辣味），是否也是对原产地文化的一种妥协？（P） 4.4 为什么越来越多的人接受来自不同文化的烹饪方法？（C）

重要内容和关键技能

重要内容 学生需要知道什么	关键技能 学生需要能够做些什么
理解语言 • 西班牙食物词汇 • 家宴传统 • 适当的餐厅礼仪 • 日常和节日的西班牙或拉美食物 • 动词 ser, estar, pedir, preferir, poder, probar 的意义和用法	**理解语言** • 准确使用肯定非正式表达 • 使用直接对象代词来提出命令 • 准确使用词干变化动词：Pedir/probar/ preferir/poder • 使用直接对象代词 • 在所学词汇和语法结构范围内（解释性模式）能够理解所学话题中的简短互换（书面的或口头的）
回应语言 • 谈话中所期望的礼仪和礼节	**回应语言** • 使用独立词汇或所学短语（互动模式）参与各种熟悉和简短的基本对话（书面的或口头的） • 提问并回答
评论语言 • 文化美食 • 食品质量标准 • 有效的角色扮演行为（例如，声音、眼神交流、热情、准确的表达） • 非正式语言 vs. 正式语言	**评论语言** • 通过对比学生自己的语言和所学语言，发掘语言基本结构模式上的异同，并由此进行知识扩展 • 通过对比目标文化和学生自己的文化，发掘文化的本质，并探索文化之间是如何相互作用的（例如，比较/对比饮食习惯） • 表达个人对食品质量的喜好 • 评价沟通所做的努力，找出提高使用目标语言进行沟通的方法
创造语言 • 知道点餐和要求服务所需的普通祈使句 • 知道普通句和祈使句内直接对象代词的使用规则 • 与食物有关的特殊词汇表 • 序数词（第1到第10）	**创造语言** • 利用所学简单句或表达式（书面的或口头的），就熟悉的主题（展示模式），给观众作演讲 • 复述所学文化的一般做法

年级：西班牙语 I

建议时间表	建议学习过程	评估（建议和要求）	差异化教学（为实现支持和延伸）	资源
大约需要6～8周的单元	调查全班同学，什么是西班牙食物，什么是墨西哥食物，谁吃过？它们有什么不同？G#1 & 4		示范先前学生的优秀作业。	Expresate 1B 第38-53页
	利用交互式白板上的放大课本，介绍相关的词汇，听母语人士朗读词汇。将相关内容翻译成英语；制作卡片。		同伴练习作业并对比作业。按照需求修改	DVD 教学 –Expresa visionl / expresavison 2 Gramavision for verbs
	每天，向说西班牙语的邻居提出问题探讨一下早餐的重要性以及吃饭时间等，对比一下美国和西班牙国家的习惯。G#1 & 4	评价学生们的反应。	问题。同伴辅导。向邻居或小组重新介绍一遍。	Cuaderno de Vocabulario Games / 填字游戏智力竞赛
	给每个学生发一些餐具，教他们学会如何以西班牙方式布置餐桌。G#2&3	情境口头小测验。	小故事。	利用DVD教学欣赏墨西哥艺术家Diego Rivera的画作，该作品体现了当地人在玉米地劳作的场景（例如"The Grinder"）
	给出韵文"izquierda-derecha"（从左到右），以帮助学生准确地布置餐桌。G#2&3	日常生活中，与伙伴分享目标问题或"今日问题"。		来自西班牙餐厅的菜单用来学习食品广告的西班牙语杂志西班牙语电视食品广告

续表

建议时间表	建议学习过程	评估（建议和要求）	差异化教学（为实现支持和延伸）	资源
	用目标语言简单讨论典型的饭菜、食堂的饭菜等等，并布置一些会用到的新的词汇和语法的场景。G#2&4	每周书面小测验。	解释、示范并运用书面性和交谈性的翻译与语言的不同。	
	布置对话作业或两两结对进行课堂"分析"。利用塑料食物模型来进行日常对话训练。G#2&3	本章第一部分和第二部分的单元测试。		
	展示用餐和煮饭情境中经常使用的词干变化动词，让学生们分析动词模式。复习什么是代词，让学生们找出日常英文文本中的代词并将其运用到日常西班牙语中。G#3	"Situaciones" 练习 4 行简短对话 3～4 天，然后将其作为口头测验。		
	布置短篇文章 "El Pueblo de Tontos" 用于巩固食品和点餐词汇。将 "wordle" 作为主题词汇。观看投影上的西班牙语食品广告，辨别并巩固词汇。布置短篇文章 "La Monta del Alimento"，讨论玉米在墨西哥文化中的重要性，以及羽蛇神在玛雅文化和阿兹特克文化中的流行。G#3		对于那些需要更多支持的学生，设计匹配他们能力的小测验，或提供多种选择。	

续表

建议时间表	建议学习过程	评估（建议和要求）	差异化教学（为实现支持和延伸）	资源
	后续跟进：画出故事中的一个场景，用西班牙语写一小段文字，解释这幅画与原故事有什么关系；向全班展示。 抛出"问问你的邻居"问题，练习食品词汇并运用学到的语法。G#3&4 提出直接对象代词，让学生把它们应用到本章主题中。		对于那些优秀的学生，让他们独立研究玛雅和阿兹特克文化并向全班展示。	
	复习：什么是祈使句？ 学生们讨论日常对话中用到的一般祈使句，学会用西班牙语来构建祈使句。 欣赏流行的西班牙歌曲"Ven conmigo"（跟我来吧）来巩固祈使句知识。 后续学习：第二天播放同样的音乐，进行词汇填空。	观察。		
	从西班牙语杂志上摘录真实的食谱，阅读并理解词汇和祈使句。 "vegetales necesarias."然后，将这个作为范例，写出自己的食谱。利用祈使句，序数和主题词汇向小组展示。 学生们找出那些描绘人们工作、烹饪等情境的Diego Rivera画作。用西班牙语进行描述。	评估学生们的创作及其过程。	对于需要更多支持的学生，让他们仅用四个步骤写出食谱，可以使用更少的祈使句。	

最终单元评估

是什么：
学生们需要写出并表演真实西班牙餐厅的场景。

为什么：
为了理解，有效的沟通依赖于准确的语法和词汇以及对文化规范的理解和尊重。

怎么办：

角色： 本单元中，你们已经学习了很多西班牙食品和用餐的词汇及文化知识。现在你们需要利用本单元学习到的知识编排一个短剧小品。

首先，你们需要阅读服务员、顾客和朋友之间沟通会用到的一系列典型表达和问题（用英文）。

其次（同伴/小组），你们要选择和翻译在用餐体验中的恰当语言来创设一个餐馆场景。

每个场景都必须包含发生在现场中的一个"问题"，而且你必须解决这个问题（例如，我的钱包丢了！），在写剧本的时候，在正式和非正式的对话中，要考虑到如何称呼别人。

观众： 其他同学就代表餐厅中其他正在看你们用餐的人。结束时，大家会评论你们的"演出"。

布局： 你们需要花5～7分钟的时间利用临时搭建的餐厅场景在课堂中表演这个情境。

主题： 除了表演餐厅短剧，每位学生需要用英文写出一小段文字，总结一下短剧中哪些内容实现了有效沟通，哪些没有。

最终评估量规

表现性评价任务

	非常好	好	发展中	初级阶段
内容知识：词汇和语法	整个短剧中使用了准确的词汇和语法。	词汇和语法的准确率至少达到80%。	词汇和语法方面虽然听得懂，但是包含很多错误。	知道很少的基本词汇和语法，不足以清晰地沟通交流。
演示技能	表现出热情和激情，能够吸引观众的注意力，创造性地使用小道具，丰富了演示的内容。	对于角色表现出了一定的热情，努力使用真实的道具。	对角色表现出了热情，但是，演示的技巧无法自始至终吸引观众。	演出时使用了手抄小纸条，让表演看上去非常不自然和平淡。
说话技能	语言流畅，表现自信，接近母语发音。	语言具备一定的流畅度，带有一点停顿。大多数词语发音准确。	语言流畅度有待提高，不连贯的地方多于连贯的地方，出现了一些发音错误。	结结巴巴，一字一句地表达，听众觉得很难听懂。

个人书面回答

	非常好	好	发展中	初级阶段
理解	目标概括达到了深层次理解。	能够说出目标概括。	明白了概括中的一些概念。	陈述了预期的知识与技能，但是没有达到概括的层面。

来源：资源 D 中的案例来自帕特里夏·尤斯塔斯

资源E：概念为本的音乐单元

概念为本的课程单元

伊利诺伊州惠灵市音乐课程

年级：小学中年级（3—5）

单元号：在整个学年中占了3～4个月——螺旋式课程

标题：传统民乐——创作的典范

作者：来自伊利诺伊州惠灵市第21综合社区学区的弗朗辛·埃文斯

单元概述（用一段引人入胜的概述来为学生介绍本单元的内容）

你们知道吗，有些人将民俗音乐叫做"大地的音乐"，你觉得是为什么呢？

通过学习民歌，我们已经探索了一个新音高"re"。在这个全新的单元中，我们需要继续学习民俗音乐如何帮助人们表达出生活中的欢乐和悲伤。

同时，民歌中还包含了有助于我们阅读、演奏和创作音乐的音乐元素。本单元结束时，作为一名作曲家，你需要融合民俗材料中的一些相同元素，展现出定义你自己风格的独特创造性——可以是传统的，流行的或摇滚的！

技术整合（教师和学生需要掌握哪些技能才能使用这些技术？需要掌握多少有关互联网及其相关工具的知识？）

在创作时，学生们可以使用乐谱制作软件（Finale Notepad）。

本单元涉及的标准：

伊利诺伊州标准26.A.2d 音乐：阅读并解释传统乐谱的音符值和音名。

国家音乐标准：3.即兴旋律、变化和伴奏。4.按照特定的指南编排音乐。5.阅读并用符号表示音乐

年级：小学中年级（3-5）

概念性视角：**音乐听想**（回味音乐的能力；认知性地思考音乐，就像人们思考语言那样；构建音乐含义和预测规律的能力）

分支1：理解音乐

音高　　　　　音乐听想
节拍　　　　　曲式
节奏的时值　　音乐织体
拍子　　　　　信息
音程　　　　　民歌的历史意义
节奏型和旋律型　对位（独立的旋
和声　　　　　律线条间的立体
　　　　　　　交融）

分支2：回应音乐

合拍演唱
带节奏的文段
表达
对节奏和旋律概念的情绪反应
情绪
诠释

**单元标题：
传统民乐——创作的典范**

分支3：创作音乐

音乐元素的组织
即兴演奏
创作：文本考虑，选定节奏的文段
高质量要素和表现：创新性和清晰表达
规律

分支4：评论音乐

民俗材料的音乐元素
高质量演奏的要素
真实性

年级：小学中年级（3–5）
单元标题：民俗音乐——创作的典范

概括	引导性问题 （F = 事实性；C = 概念性；P = 哲学性）
1. 聆听节奏或旋律模式有助于人们建立起创作范式。（UM, PM[①]）	1a. 你听到了哪些旋律和节奏模式？（F） 1b. 每个拍子你听到多少声音？（F） 1c. 哪些音高比较高，哪些比较低？（F） 1d. 节奏模式如何影响旋律？（C） 1e. 怎样将节奏模式与旋律重新组织成一个新作品？（P）
2. 读、写与演奏民俗素材需要节奏和旋律模式。（UM, PM）	2a. 你听到的/读到的/演奏的旋律或节奏是什么样的？（F） 2b. 每个拍子你听到多少声音？（F） 2c. 哪些音高比较高，哪些比较低，哪些没有变？（F） 2d. 节奏模式如何影响旋律？（C） 2e. 与音乐的不同互动模式（读，写以及演奏）如何影响了我们对音乐的欣赏？（C） 2f. 怎样将节奏模式与旋律重新组织成一个新作品？（P）
3. 表演质量依赖于作品中音乐要素的适当诠释与创造。（UM, PM, CM, RM）	3a. 音乐元素如何影响演奏？（C） 3b. 作曲者通过演奏想要传达哪些信息？（P） 3c. 什么是适当的音乐诠释？（P）
4. 民歌体现了历史中某个特殊/重大时期的文化生活。（CM, RM）	4a. 曲子是什么时代写成的？哪些文化事件影响了它的创作？（F） 4b. 在特定的民歌中，什么是音程或特定节奏的音域？（F） 4c. 某首特定民歌的感情如何影响民歌的演奏？（C） 4d. 个人的母语如何影响歌曲的选择？（C） 4e. 在一个国家的不同地区能够找到同一首歌的不同版本吗？（从这一迹象可以判断是否是真正的民歌）（C） 4f. 为什么说民歌具有最高的艺术价值？（P）
5. 个人对音乐要素的诠释先于即兴创作和作曲。（CM, RM, UM）	5a. 在一个五声音阶中，音高是什么样的？（F） 5b. 如何重组五声的音阶以形成新的旋律结构？（C） 5c. 是不是所有的即兴演绎都是可接受的？（P） 5d. 在旋律结构内进行作曲会不会限制作曲者的创造力？（P）

---

① UM、RM、PM、CM分别是理解音乐（Understanding Music）、回应音乐（Responding to Music）、创作音乐（Producing Music）和评论音乐（Critiquing Music）。——译者注

重要内容和关键技能

重要内容 学生需要知道什么	关键技能 学生需要能够做些什么
理解音乐 • 音乐元素：聚焦音乐听想 • 音乐语言	**理解音乐** • 听、唱来自五声音阶的音高 • 聆听并抽取音乐材料中的音乐概念，材料包括录音、民俗素材、摘录、教学卡片 • 聆听并辨认节奏模式 • 聆听组成韵律的节奏元素（强拍、重音、非重音） • 倾听并识别文本如何与节奏和韵律对应
回应音乐 • 速度对节奏的影响 • 节奏和民歌文本之间的关系 • 旋律概念和动觉反应之间的关系 • 旋律概念与口头反应之间的关系	**回应音乐** • 辨认、吟唱、读写和/或演奏民歌的节奏 • 辨认、吟唱、读写和/或演奏民歌的音高
评论音乐 • 高质量音乐的要素 • 高质量表演的要素	**评论音乐** • 比较高质量音乐的特殊元素 • 演唱或演奏民歌，在同学之间进行评估
创作音乐 • 即兴创作的阶段 • 作曲的阶段	**创作音乐** • 口头即兴问答乐句 • 写出有旋律和（或）节奏焦点的曲子，并考虑文本的创造性与原创性

年级：小学中年级（3—5）

建议时间表	建议学习过程	评估（建议和要求）	差异化（为实现支持和延伸）	资源
贯穿本单元	在每节音乐课中，学生们会听到教师用音叉的一侧敲击白板：音高"A"，并在五线谱上能够找到。学生们不听就能在脑海中复演出音高"A"（音乐听想）。这个不能看作是"完美的"音高，只能看作是"相对的"音高。（这个概念来自于柯达伊教学的布鲁斯·斯万克）"A"可以变为五声F的"mi"。	教师听完学生的音高然后给出口头反馈：太高，太低或吻合。作为小组，学生们调整各自的音高。	贯穿整个单元： • 教师和同学示范如何思考和演奏。 • 适当地使用问题来扩展学生们的思考或给予必要的支持。 • 以音乐方式呈现之前，让学生用语言来解释。 • 为学生提供不同复杂程度的民歌样本。	教师注意：教师对于在节奏和旋律概念中的顺序知识要达到伊达柯达伊培训的毕业水准。这种方法来自匈牙利。
	鼓励学生使用正确的姿势和呼吸进行合拍演唱，通过游戏和民俗歌曲，帮助学生们利用头腔发音，而不是利用喉咙和胸腔发音。	教师观察，同伴互评和学生自我反思。		

续表

建议时间表	建议学习过程	评估（建议和要求）	差异化（为实现支持和延伸）	资源
	使用科尔文手势、身体动作（doh=触摸腰部，re=左右手跨越身体交叉，mi=触摸肩膀）倾听和回应不熟悉的旋律模式，使用像雨巾或者降落伞那样的道具进行群体活动，在合唱合或阶梯上上下下。	学生们回答教师的问题。		
	通过听唱和演奏民歌、教学卡、乐段，以及sol-mi（小三度）、sol-la（大二度），sol-mi-doh, mi-re-doh 和 doh-re-mi-sol-la 模式，学生们可以按照柯达伊教学法来练习各个音程之间的距离。柯达伊顺序是一种以孩子为中心的顺序教学法，起源于匈牙利。	对学生们的演唱做即时形成性评估。让学生们定期"出声思考"他们听到的音乐。学生们回应教学卡和表演。		奥尔夫音乐教学法教师培训毕业水准，理念就是"做中学"，并包括适合孩子音高的乐器。本方法来自奥地利。

续表

建议时间表	建议学习过程	评估（建议和要求）	差异化（为实现支持和延伸）	资源
	节奏： • 学生们通过聆听录音和现场音乐，演唱民歌，吟诵，踱步，演奏乐器（拍手，跺步，吟诵，演奏乐器）作为节奏的基础，发展节拍感。 • 学生们阅读并演奏节奏（拍手，演奏乐器），同时用脚踩出稳定的拍节。	学生们相互评价并做自我反思。		达克罗兹教学法教师培训毕业水准：使用动觉动作来诠释分节法，曲式，旋律和节奏。本方法来自瑞士。已故的罗伯特·艾布拉姆森，达克罗兹（茱莉亚音乐学院教师）指出，节奏通过时间和空间表现出各种动作和音乐流，节奏还可以描绘一系列的速度、音长、乐音结合质量创作出来的动作模式。
第一周	让学生们通过演唱和展现身体动作、手势动作来倾听并回应不同的 mi-re-doh 模式。 学生们适当地踩出节拍，同时拍手打出"Hoy Cross Buns"的节奏。 学生们通过身体动作和手势动作的合唱用 flip-form（一种音乐教室内的合唱）的高低来对"Hoy Cross Buns"的音高做出回应。	教师观察：倾听并观察学生们的眼睛、耳朵和声音是否配合着辨认出了音程距离和节奏变化。	看之前先听可以培养听觉记忆。 向学生们示范如何通过跺出稳定的节拍和拍打节奏来在时空上测量节奏流。 聆听模仿模式可以培养听觉记忆。	奥尔夫资源： Frazee, Jane, & Kreuter, Kent.《发现奥尔夫》，伦敦：肖特，1987，2010 《儿童音乐，奥尔夫教学法》（1977，美国版）书籍 1，2，3. 伦敦：肖特 Murray, Margaret,《儿童音乐奥尔夫教学法》，英文版由 Murray, Margaret 改编。伦敦：肖特

续表

建议时间表	建议学习过程	评估（建议和要求）	差异化（为实现支持和延伸）	资源
第二周	学生们需要标记唱名（mrd）并注意五线谱下面的名称（FGA）。学生们开始阅读和演唱"Hot Cross Buns"的唱名，绝对音符名和文本。			Steen, Arvida,《探索奥尔夫》，纽约：肖特，1992 Warner, Brigitte,《奥尔夫教学法：课堂应用》，新泽西：普蓝泰思·霍尔，1991 柯达伊资源： Choksy, Lois,《柯达伊方法》，新泽西：普蓝泰思·霍尔，1981 Choksy, Lois,《柯达伊背景》，新泽西：普蓝泰思·霍尔，1981 Erdei, Peter,《用于演唱、阅读和演奏的150首美国乡村音乐》，美国：布斯和霍克斯，1989 Locke, Eleanore, G.,《驶向远方：用于演唱、阅读和演奏的155首美国乡村音乐》，美国：布斯和霍克斯，1989
第三周	学生们在钟琴上演奏"Hot Cross Buns"，同时演唱歌曲。学生们在木琴和金属木琴上演奏节奏和旋律型（博登和固定音型模式）。		给学生们一些支撑性问题和案例帮助他们认识到旋律结构的组织可以创造模式。	
第4周	学生们两两组对，即兴创编mi-re-doh的模式，同时演唱并在奥尔夫乐器上演奏。 学生们写出歌曲4/4拍的"Hot Cross Buns"中的八分音符型，四分音符休止节奏和mi-re-doh的音高。	学生们相互评价即兴创作的模式。	教师把优秀的学生和后进生组成小组。	达克罗兹资源： Abramson, Robert,《感受一下！适合所有人的节奏游戏》，纽约：华纳兄弟，1998 (Findlay, Elsa,《节奏和运动》，新泽西：Summy-Birchard, 1971

续表

建议时间表	建议学习过程	评估（建议和要求）	差异化（为实现支持和延伸）	资源
第 5-6 周	学生们将 mi-re-doh 模式和文本结合起来，创作一首时尚运动鞋的广告曲（最终任务）。	学生们自我反思"你们喜欢自己的歌曲吗？为什么？你的节奏和文本匹配吗？每个 4/4 拍内有四拍吗？"	为英语语言学习者提供以下运动的词汇："鞋（单数）""鞋（复数）""跑" * 给出创作的范例作为示范。	Mead, Virginia, Hoge,《今日课堂之达克罗兹韵律舞蹈》，纽约：肖特，1994

最终单元评估

是什么：

学生假定自己是一名专业的音乐家。

为什么：

为了理解：个人对音乐要素的诠释先于即兴创作和作曲。

怎么办：

学生探索歌曲"Hot Cross Buns"，分析这首歌的已知 me-re-doh 音高，已知四分音符、八分音符和四分休止符的调子节奏。

学生假定自己是一名专业的音乐家，受聘为某家运动鞋公司创作广告曲。

学生要按照自己的理解重新编排音高和节奏，并添加反映这种时尚运动鞋优点的词汇。创作可以写在五线谱上，也可以写在乐谱制作软件上。向运动鞋公司董事会演唱并演奏这首歌曲，展示体现产品优点的音乐元素，证明这会帮助提高公司的收益。

最终评估量规

1. 初级阶段：作品的文本开始匹配节奏流了。音高的编排可能完全拷贝了给定的民歌里的顺序，演唱需要合拍并与书面曲子相匹配。

2. 发展中：创作文本有时匹配节奏流。创作结构可能带有几个旋律或节奏错误。可能需要多加练习才能合拍子并与曲子里音高和节奏相匹配。

3. 符合：创作的曲子大体来说在文本、节奏和旋律上都是准确的，演唱也符合音高，演奏也匹配音乐的乐谱。

4. 超棒：创作的曲子富有创新性和原创性，节奏和旋律精准，文本流畅。演唱生动（洪亮－柔和）。

资源 F：第七章修改后的学习活动

现在，我们要真正测试一下你的技能！以下是一些传统活动，你如何对它们进行调整从而激发学生们的协同思考：

A. **语言艺术**。阅读故事_____，并说出 5W（谁、什么、何地、何时和为何）。

改编：从本单元所有阅读内容中选出你最喜欢的神秘故事。选择一节最能体现作者神秘小说写作水平的内容。这一段描述可能让你想要屏住呼吸，或者你真正欣赏它语言的运用。其次，考虑作者经常使用的文学技巧（扣人心弦的事情、倒叙、铺垫、转移注意力的话题、剧情转折、情绪、语气，等等）。从这段你选择的描写中选出一种或两种作者使用的技巧，并解释为什么作者能够这么有效地使用这种技巧。

B. **世界语**：给现在时和一般过去时的规则和不规则动词变形。

改编：教师对学生说："今天，我们要想一想这个问题，动词词形变化如何让人们实现更加准确的沟通？"学生组成小组，使用现在时和简单过去时编排短剧，其中要有含义表达不准确的地方。两个小组之间合作，分享以上短剧。小组间讨论需要对短剧做出哪些改变才能实现准确沟通。为其他小组编排并表演"更正后"的短剧，问他们是否能够说出短剧中更改了哪些内容。

C. **艺术活动**：制作叶子拓片。

改编：教师对学生说："我们已经讨论并感受过不同材料的质感。我们还了解了不同质地的各种三维材料。艺术家在思考如何通过艺术作品表达思想时，经常会探索不同质地的材料。质地帮助我们用二维材料表现出三维物体的质感，例如岩石、实木、房屋等等。今天，你们需要制作不同材料的拓片来进一步探索质地。你们在工作的时候，想一下这个问题：'作为艺术家，我如何在纸张上利用材料的质地来表示三维或二维物体的质感？'本节课结束时，分享你的拓片作业，并用它们来支持你对这个问题的思考。"

化学：观察化学反应，并确定反应物和生成物。

改编：教师对学生说："物质相互作用的时候发生了什么变化？小组内通过观察不同化学反应来研究这个问题。你的任务是通过观察变化的证据来识别反应物和生成物。研究结束之后，用这句话来分享你的想法，'我知道物质是可以变化的，例如，在这个化学反应中……（例如，释放气体，形成固体和产生气泡）'"

地理：绘制你的社区地图并显示出主要地标。

改编：你受雇于一家导航公司，作为他们手机APP里的语音导航驾驶员。看一下城市街道图，写下两个最远地标建筑之间的最短路线。可以从任何一个地标开始。在小组内分享你的语音提示。小组内讨论这个问题："最短路线总是最佳路线吗？为什么？"

几何：在织物设计中找出变换的例子（平移，反射，旋转和扩大）。

改编：教师对学生说："我们已经学习了几何变换。你同意还是不同意这个论述：'图形的变化总是全等的。'在织物设计中找到变换（平移，反射，旋转和扩大）的例子，表明是支持还是反对这种观点。用这个句子来分享你的观点：'我认为在_____的时候，变换能够创造出相等的形状。'"

参考书目

1. Anderson, L. W., & Krathwohl, D. R. (Eds.). (2001). *A taxonomy for learning, teaching, and assessing: A revision of Bloom's taxonomy of educational objectives*. New York, NY: Addison-Wesley Longman.
2. Beaton, E. A., Mullis, I. V. S., Martin, M. O., Gonzalez, E. J., Kelly, D. L., & Smith, T. A. (1996, November). Mathematics achievement in middle school years: *Third International Mathematics and Science Study*. Center for the Study of Testing, Evaluation and Educational Policy, Boston College, MA.
3. Behar-Horenstein, L. S., & Niu, L. (2011, February). Teaching critical thinking skills in higher education: A review of the literature. *Journal of College Teaching & Learning*, 8 (2), 26.
4. Bloom, B. S., Engelhart, M. D., Furst, E. J., Hill, W. H., & Krathwohl, D. R. (Eds.). (1956). *Taxonomy of educational objectives: The classification of educational goals: Handbook I: Cognitive domain*. New York, NY: David McKay.
5. Bransford, J. D., Brown, A. L., & Cocking, R. R. (Eds.). (1999). *How people learn: Brain, mind, experience, and school*. Washington, DC: National Academy Press.
6. Bransford, J. D., Brown, A. L., & Cocking, R. R. (Eds.). (2000). *How people learn: Brain, mind, experience, and school* (Exp. ed.). Washington, DC: National Academies Press.
7. Common Core State Standards Initiative. (2010a). *Common core state*

standards for English language arts. Retrieved from http://www.corestandards.org/assets/CCSSI_ELA% 20Standards.pdf

8. Common Core State Standards Initiative. (2010b). *Common core state standards for mathematics*. National Governors Association Center for Best Practices and Council of Chief State School Officers. http://www.corestandards.org/Math

9. Danielson, C. (1996). *Enhancing professional practice: A framework for teaching*. Arlington, VA: Association for Supervision and Curriculum Development.

10. Darling-Hammond, L., Amrein-Beardsley, A., Haertel, E., & Rothstein, J. (2012, March). Evaluating teacher evaluation. *Phi Delta Kappan*, 93 (6), pp. 8–15.

11. DuFour, R., DuFour, R., Eaker, R., & Many, T. (2006). *Learning by doing: A handbook for professional learning communities at work*. Bloomington, IN: Solution Tree Press.

12. Ennis, R. H. (1989). Critical thinking and subject specificity: Clarification and needed research. *Educational Researcher*, 18 (3), 4–10.

13. Erickson. H. L. (2002). *Concept-based curriculum and instruction: Teaching beyond the facts*. Thousand Oaks, CA: Corwin.

14. Erickson, H. L. (2007). *Concept-based curriculum and instruction for the thinking classroom*. Thousand Oaks, CA: Corwin.

15. Erickson, H. L. (2008). *Stirring the head, heart and soul: Redefining curriculum, instruction, and concept-based learning* (3rd ed.). Thousand Oaks, CA: Corwin.

16. Erickson, H. L. (2010). Conceptual designs for curriculum and higher-order instruction. In R. Marzano (Ed.), *On excellence in teaching*. Bloomington, IN: Solution Tree Press.

17. Fullan, M. G. (1991). *The new meaning of educational change* (2nd ed.). New York, NY: Teachers College Press.

18. Hall, G. E., & Hord, S. M.（1987）. *Changes in schools: Facilitating the process*. Albany: State University of New York Press.
19. Hall, G. E., & Hord, S. M.（2011）. *Implementing change: Patterns, principles, and potholes*（3rd ed.）. Upper Saddle River, NJ: Pearson.
20. Harvard Smithsonian Center for Astrophysics.（1987）. *A private universe*. Science Education Department, Science Media Group. Cambridge, Massachusetts. Retrieved from http://www.learner.org/resources/series28.html
21. Harris, T., & Hodges, R.（1995）. *The literacy dictionary: The vocabulary of reading and writing*. Newark, DE: International Reading Association（IRA）.
22. Hattie, J. A. C.（2009）. *Visible learning: A synthesis of 800+ meta-analyses on achievement*. London: Routledge.
23. Herman, R., & Stringfield, S.（1997）. *Ten promising programs for educating all children: Evidence of impact*. Arlington, VA: Educational Research Service.
24. Hord, S. M., Rutherford, W. L., Huling-Austin, L., & Hall, G. E.（1987）. *Taking charge of change*. Arlington, VA: Association for Supervision and Curriculum Development.
25. Kegan, R., & Lahey, L.（2001, November）. The real reason people won't change. *Harvard Business Review*, pp. 85–91.
26. Kennedy, M., Fisher, M. B., & Ennis, R. H.（1991）. *Critical thinking*: Literature review and needed research. In L. Idol & B. F. Jones（Eds.）, *Educational values and cognitive instruction: Implications for reform*（pp. 11–40）. Hillsdale, NJ: Erlbaum.
27. Kotter, J., & Rathgeber, H.（2005）. *Our iceberg is melting: Changing and succeeding under any conditions*. New York, NY: Saint Martin's.
28. Lai, E. R.（2011）. *Critical thinking: A literature review*. Retrieved from http://www.pearsonassessments.com/hai/images/tmrs/CriticalThinkingReview

FINAL.pdf

29. Lanning, L.（2009）. *Four powerful strategies for struggling readers, grades 3–8: Small group instruction that improves comprehension.* Thousand Oaks, CA: Corwin.

30. Lanning, L.（2013）. *Designing a concept-based curriculum in English language arts: Meeting the common core with intellectual integrity*, K–12. Thousand Oaks, CA: Corwin.

31. Lipman, M.（1988）. Critical thinking: What can it be? *Educational Leadership*, 46（1）, 38–43.

32. Loucks-Horsley, S., & Stiegelbauer, S.（1991）. Using knowledge of change to guide staff development. In A. Lieberman & L. Miller（Eds.）, Staff development for education in the 90s: New demands, new realities, new perspectives（2nd ed.）（pp. 15–36）. New York, NY: Teachers College Press.

33. Milligan, A., & Wood, B.（2010）. Conceptual understandings as transition points: Making sense of a complex social world. *Journal of Curriculum Studies*, 42（4）, 487–501.

34. National Commission on Excellence in Education.（1983）. A nation at risk: The imperative for educational reform. Washington, DC: Author.

35. Next Generation Science Standards.（2013）. Achieve, Inc. on behalf of the twenty-six states and partners that collaborated on the NGSS [Editorial]. Retrieved from http://www.nextgenscience.org/

36. NGSS lead states.（2013）. *Next generation science standards: For states, by states.* Washington, DC: The National Academies Press.

37. Paul, P., & Elder, L.（2002）*Critical thinking tools for taking charge of your professional and personal life.* Upper Saddle River, NJ: Pearson Education.

38. Tomlinson, C. A., & Imbeau, M. B.（2010）. *Leading and managing a differentiated classroom.* Alexandria, VA: Association for Supervision and

Curriculum Development.

39. Renzulli, J. S., &Reis, S. M.（1997）. *The schoolwide enrichment model* (2nd ed.). Mansfield, CT: Creative Learning Press.

40. Richardson, W.（2012）*Why School?: How Education Must Change When Learning and Information Are Everywhere*. TED Conferences（September 10, 2012）. Retrieved from http://www.worldcat.org/title/why-school-how-education-must-change-when-learning-and-information-are-everywhere-will-richardson/oclc/843057844&referer=brief_results

41. Sternberg, R. J.（1990）. Thinking styles: Keys to understanding student performance. *Phi Delta Kappan*, 71（5）, 366–371.

42. Taba, H.（1966）. *Teaching strategies and cognitive functioning in elementary school children* (Cooperative Research Project No. 2404). San Francisco, CA: San Francisco State College.

43. Webb, H. I. et al.（2005）. *Web alignment tool: Depth of knowledge chart*. Madison: University of Wisconsin, Wisconsin Center of Educational Research.

44. Wiggins, G., & McTighe, J.（2005）. *Understanding by design* (exp. 2nd ed.). Alexandria, VA: Association for Supervision and Curriculum Development.

45. Wineburg, S.（2001）. *Historical thinking and other unnatural acts: Charting the future of teaching the past*. Philadelphia, PA: Temple University Press.

46. Zull, J. E.（2002）. The art of changing the brain: Enriching the practice of teaching by exploring the biology of learning. Sterling, VA: Stylus Publishing.

图书在版编目（CIP）数据

以概念为本的课程与教学：培养核心素养的绝佳实践 /（美）林恩·埃里克森，（美）洛伊斯·兰宁著；鲁效孔译 . —上海：华东师范大学出版社，2018

ISBN 978-7-5675-7979-8

Ⅰ. ①以… Ⅱ. ①林… ②洛… ③鲁… Ⅲ. ①教学研究 Ⅳ. ① G420

中国版本图书馆 CIP 数据核字（2018）第 153481 号

大夏书系·西方教育前沿

以概念为本的课程与教学
——培养核心素养的绝佳实践

著　　者	（美）林恩·埃里克森　洛伊斯·兰宁
译　　者	鲁效孔
责任编辑	任红瑚
封面设计	百丰艺术
出版发行	华东师范大学出版社
社　　址	上海市中山北路 3663 号　邮编　200062
网　　址	www.ecnupress.com.cn
电　　话	021 - 60821666　　行政传真　021 - 62572105
客服电话	021 - 62865537
邮购电话	021 - 62869887　　地址　上海市中山北路 3663 号华东师范大学校内先锋路口
网　　店	http://hdsdcbs.tmall.com/
印 刷 者	北京密兴印刷有限公司
开　　本	700×1000　16 开
插　　页	1
印　　张	13
字　　数	135 千字
版　　次	2018 年 10 月第一版
印　　次	2025 年 4 月第二十六次
印　　数	77 001-78 000
书　　号	ISBN 978 - 7 - 5675 - 7979- 8 / G·11284
定　　价	49.80 元
出 版 人	王　焰

（如发现本版图书有印订质量问题，请寄回本社市场部调换或电话 021-62865537 联系）